Couverture inférieure manquante

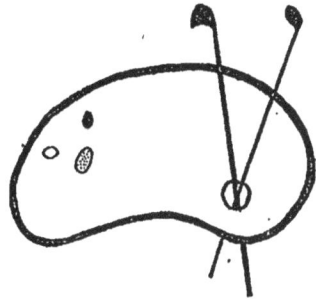

DEBUT D'UNE SERIE DE DOCUMENTS
EN COULEUR

# HISTOIRE

DE

# L'ACADÉMIE DES SCIENCES

DE TOULOUSE

# LE MUSÉE

## LE LYCÉE — L'ATHÉNÉE

1784-1807

PAR

Le Baron DESAZARS DE MONTGAILHARD

MEMBRE RÉSIDANT.

TOULOUSE

IMPRIMERIE DOULADOURE-PRIVAT

39, RUE SAINT-ROME, 39

1908

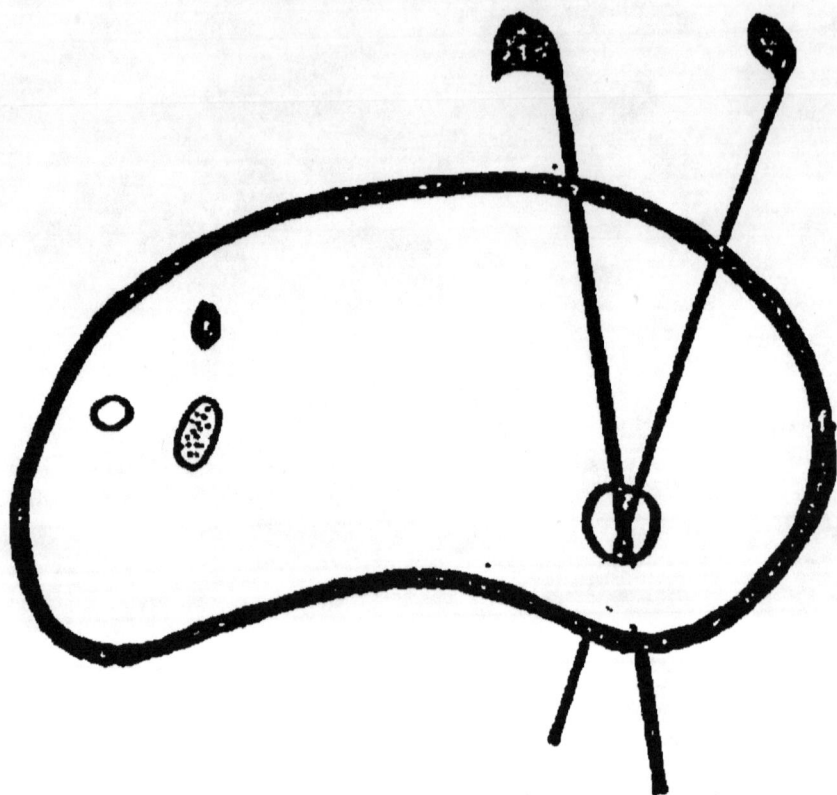

FIN D'UNE SERIE DE DOCUMENTS
EN COULEUR

# HISTOIRE

### DE

# L'ACADÉMIE DES SCIENCES

### DE TOULOUSE

# HISTOIRE

## DE

# L'ACADÉMIE DES SCIENCES

DE TOULOUSE

# LE MUSÉE

## LE LYCÉE — L'ATHÉNÉE

1784-1807

PAR

Le Baron DESAZARS de MONTGAILHARD

MEMBRE RÉSIDANT.

TOULOUSE

IMPRIMERIE DOULADOURE-PRIVAT

39, RUE SAINT-ROME, 39

1908

# HISTOIRE

## DE

# L'ACADÉMIE DES SCIENCES

### DE TOULOUSE

## LE MUSÉE

L'Académisme s'est établi en France avec l'ère moderne. Il avait débuté sous Henri IV et s'était manifesté sous Louis XIII et sous Louis XIV. Il devait surtout triompher au début du règne de Louis XV. Mais, vers la fin du dix-huitième siècle, il avait considérablement baissé dans l'estime publique. On en était venu à considérer les Sociétés académiques comme autant de corporations fermées jouissant de privilèges contestables pour les progrès des connaissances humaines, et l'on blâmait la division des lettres, des sciences et des arts en autant de compagnies distinctes. « Les Muses sont sœurs, disait-on notamment à Toulouse; elles ont entre elles des rapports nécessaires, et leur union, en augmentant leur énergie, rend plus rapides les progrès de la science et ceux de son enseignement[1]. »

C'est de cet ordre d'idées qu'est né l'Institut de France, groupant les savants, les littérateurs et les artistes dans le

[1] Voir le « Discours d'ouverture » du Lycée de Toulouse prononcé par le citoyen Castilhon, vice-président (*Recueil des ouvrages lus dans la séance publique du 10 floréal, an VI de la République française*, p. 4).

même établissement, et composé d'abord de trois classes, puis des cinq Académies de Paris (l'Académie française, l'Académie des Inscriptions et Belles-Lettres, l'Académie des Sciences, l'Académie des Beaux-Arts et l'Académie des Sciences morales et politiques). Mais l'Institut de France ne date que du 25 octobre 1795, aux derniers jours de la Convention. Il avait été précédé, avant la Révolution, par des institutions qui s'étaient formées à Paris à côté des Sociétés académiques et qui avaient pour objet non seulement de grouper toutes les connaissances humaines dans le même établissement, mais encore de les vulgariser par des conférences publiques. Ces institutions avaient été aussitôt imitées en province[1]. Et, au lieu d'avoir pour adversaires les membres des Sociétés académiques dans les diverses villes où elles s'étaient établies, ceux-ci étaient devenus leurs principaux associés et leurs meilleurs auxiliaires. Ils se plaisaient même à se recruter parmi les membres les plus distingués de ces institutions. Ecrire l'histoire de ces institutions, c'est donc compléter celle des Académies qui existaient à côté d'elles et qui, après avoir été supprimées pendant la Révolution, leur durent leur rétablissement.

.·.

Pour se rendre compte de ce mouvement intellectuel, il faut se rappeler l'état des esprits à cette époque.

Depuis déjà quelques années, le public s'était passionné pour les questions philosophiques. Trois hommes y avaient surtout contribué : Voltaire, Montesquieu et Rousseau. Leur influence devait se retrouver dans les trois grandes époques de la Révolution : celle de Voltaire, dans l'élan universel de 1789; celle de Montesquieu, dans les efforts des constitutionnels de l'Assemblée nationale; celle de Rousseau,

1. Voir le discours prononcé par le citoyen Chalvet, président du Lycée de Toulouse (*Recueil des ouvrages lus dans la séance publique du Lycée de Toulouse le 30 germinal, an VIII de la République*, pp. 3 et 4).

dans la pensée, sinon dans les actes des rêveurs farouches de la Convention.

Puis étaient venus les Encyclopédistes, tels que Diderot, le fougueux écrivain, et d'Alembert, le grand géomètre, qui avaient mis les connaissances humaines à la portée de toutes les intelligences. Leurs théories étaient souvent menaçantes pour l'ordre social et toujours hostiles à la religion. Mais d'autres novateurs allaient plus loin encore, et, en particulier, Helvétius, dans son livre de l'*Esprit;* le baron Holbach, dans son *Système de la Nature;* Lamettrie, dans son *Homme-machine;* l'abbé Raynal, dans son *Histoire philosophique des Deux-Indes.*

Les Économistes ne prétendaient toucher qu'aux intérêts matériels; ils n'en soulevaient pas moins les plus difficiles problèmes qui intéressent la société humaine.

Pendant ce temps, de nombreux savants avaient entrepris un immense travail d'investigation qui devait avoir, pour le monde physique, les mêmes résultats que ceux qu'avaient obtenus les lettrés pour le monde moral. Réaumur avait construit le thermomètre qui porte son nom. Clairaut et d'Alembert avaient développé l'analyse mathématique. Buffon s'était fait le peintre inimitable de la nature. Puis étaient venus les botanistes Adanson et Bernard de Jussieu. Lavoisier décomposait l'eau, et, par ce seul fait, transformait la chimie et avec elle l'industrie moderne. Turgot créait une chaire d'hydrodynamique, afin de répandre les connaissances nécessaires aux grands travaux hydrauliques qu'il méditait. Le marquis de Jouffroy faisait le premier essai de la navigation à vapeur. Franklin « arrachait le tonnerre aux orages », et Pilâtre du Rosier exécutait, au château de la Muette, la première ascension dans une montgolfière.

A côté des résultats positifs de la science, on voyait surgir les mystères, les mensonges du magnétisme avec Cagliostro et Mesmer, et l'on dévorait les ouvrages théosophiques de Swendenborg, intitulés : *Les secrets du ciel et de l'enfer, et des terres planétaires et australes, d'après le témoignage de ses oreilles et de ses yeux.*

La curiosité publique ne pouvait qu'être surexcitée par tant de manifestations nouvelles. Elle voulait être renseignée, et elle ne pouvait l'être suffisamment par les modes d'éducation et d'instruction usités à cette époque, tant à Paris qu'en province.

En effet, toutes les Sociétés académiques, soit littéraires, soit scientifiques, soit artistiques, ne s'adressaient qu'aux privilégiés de l'intelligence et du savoir. Leurs séances n'étaient pas publiques et leurs travaux n'étaient connus que des spécialistes.

Les Collèges, les Facultés et les Universités répondaient à des besoins plus généraux; mais leur clientèle était également restreinte. Tandis que les Académies étaient pour les hommes faits, les Collèges étaient pour les enfants et les adultes, les Facultés et les Universités pour les jeunes gens. Le public n'y était appelé ou admis que par exception, à l'occasion des solennités qui avaient lieu à certaines époques de l'année. C'est ainsi qu'on aimait à assister aux exercices des Collèges, surtout quand les Jésuites en réglaient l'ordonnance; aux joutes des Facultés de théologie ou de médecine, alors qu'on était assuré d'y entendre des professeurs célèbres par leur talent, qu'ils fussent indigènes ou étrangers; aux cours de l'Université quand ils étaient professés par des maîtres en vogue ou à ses examens quand des élèves distingués y soutenaient leurs thèses pour obtenir leurs grades de licenciés ou de docteurs. Mais ce public était peu nombreux. En province et dans ses métropoles, il se bornait à quelques lettrés ou à quelques savants, aux membres du Parlement ou aux membres du Conseil de ville officiellement invités à ces solennités. A Toulouse, il y avait, en outre, la fête annuelle des Fleurs, le 3 mai, à la suite des concours du Gai-Savoir, et celle-là était véritablement populaire par le nombre des assistants comme par la composition diverse du public qui y était convié ou qui y venait spontanément.

En dehors de ces solennités, on se contentait d'étudier les sciences et les arts ou de cultiver les lettres chez soi. On

avait coutume de sortir jeune du collége où l'on faisait des
études classiques très complètes. Nous en avons pour preuve
ce vers de La Harpe :

Mon fils en rhétorique a fait sa tragédie.

Quand on entrait dans le monde, on n'oubliait pas les
auteurs pour lesquels on avait pris goût, car ils y jouissaient
d'un égal crédit. Ces auteurs étaient d'ailleurs en petit nombre. Virgile et Horace, Cicéron et Tite-Live formaient le
fond le plus universellement et le plus vivement goûté. On
se passait facilement de commentaires. On se contentait du
texte que l'on traduisait en prose ou en vers. Presque tous
ceux qui se piquaient de littérature s'essayaient à rimer
dans le secret de l'intimité, à écrire des lettres sur des
sujets divers ou à composer des amplifications historiques
dont la rhétorique du temps faisait surtout les frais. C'étaient
les distractions habituelles notamment des membres du Parlement et du Clergé toulousains. Il faut y ajouter les associations littéraires formées par les étudiants entre eux, comme
l'*Académie des Galetas*, où débuta Marmontel pendant son
séjour à Toulouse et où se trouvaient également MM. de
Pégueiroles, le chevalier de Rességuier, Jean Castilhon,
d'Orbessan, du Puget, de Montégut, Verny, de Reganhac, de
Sauveterre, Lacroix, l'abbé d'Auffréry, Foret, Lespinasse,
Dutour, Revel et plusieurs autres qui devinrent presque
tous mainteneurs de l'Académie des Jeux Floraux ou maîtres ès-jeux Floraux, ainsi que les réunions lyriques où l'on
s'occupait de musique et de théâtre, telles que le Concert,
dont la salle, construite à l'époque de la minorité de
Louis XV, se trouvait vis-à-vis la maison Saint-Antoine de
Vienne, dans la rue des Pénitents-Bleus (aujourd'hui rue
Duranti) et où l'on peut encore voir le grand bas-relief
sculpté par Marc-Arcis et représentant le *Parnasse avec
Apollon et les Muses.*

Ces mœurs se continuèrent durant une grande partie du

dix-huitième siècle; mais elles se modifièrent vers la fin sous l'impulsion des Encyclopédistes.

## I. — LES PRÉLUDES A PARIS.

La société parisienne avait pris un goût tout particulier aux études philosophiques et économiques. Sans placer exclusivement le bonheur dans le bien-être, Diderot pensait que la science devait rendre la vie plus commode et il s'était mis à exposer les progrès des arts mécaniques. Son exemple fut imité par les Jacquart, les Parmentier, les Jenner, les Franklin. Les brillantes conférences de Lavoisier, de Chappe, de Montgolfier avaient attiré un nombreux auditoire de savants et de lettrés. Pilâtre du Rosier voulut y joindre l'enseignement public des sciences physiques et mathématiques, et il institua à Paris, en 1781, une société de savants, destinée à parachever l'éducation technique des gens du monde[1].

Pilâtre du Rosier était originaire de Metz où il était né le 30 mars 1756. Il avait commencé par étudier la chirurgie, puis il fut placé chez un apothicaire où il apprit un peu de chimie. Il était, enfin, venu à Paris, où il s'était mis à suivre des cours de mathématiques, de physique et de chimie, en même temps que, pour vivre, il répétait au Marais, devant un auditoire assez nombreux, les expériences de Franklin sur l'électricité. Envoyé à Reims, sur la recommandation de Sage pour y professer la chimie, il fut rappelé à Paris par le Comte de Provence, Monsieur, frère du roi Louis XVI, qui le nomma intendant de ses cabinets de physique et de chimie. Il profita de son influence sur le Comte de Provence pour lui demander d'ouvrir au public ces cabinets qui offriraient aux savants, pour leurs expériences, de vastes labo-

1. Voir sur cette institution de Pilâtre du Rosier l'intéressant article de M. Ch. Dejob, intitulé : *De l'établissement connu sous le nom de Lycée et d'Athénée et de quelques établissements analogues* dans la REVUE INTERNATIONALE DE L'ENSEIGNEMENT, année 1889, 2ᵉ semestre, t. XVIII, pp. 4 et 8.

ratoires munis de toutes les machines et de tous les instruments dont ils pourraient avoir besoin. Il devait y ajouter des conférences publiques.

Les diverses sociétés qui s'étaient formées dans la seconde moitié du siècle pour encourager les découvertes applicables à l'agriculture ou aux métiers et qui avaient pour objet d'instruire les professionnels comme les gens du monde avaient périclité. Ces échecs étaient dus à l'insouciance du pouvoir central qui n'accordait aux projets les plus généreux et les mieux conçus qu'une tolérance contrainte ou un appui précaire. Pilâtre du Rosier devait être plus heureux avec sa nouvelle institution qu'il appela le « Musée de Monsieur ».

Ce nom de « Musée » avait été déjà pris en cette même année 1781 par une institution présidée par Court de Gébelin et située rue Dauphine. On y faisait des lectures publiques le premier jeudi de chaque mois. L'assistance y devint si nombreuse qu'il fallait arriver longtemps à l'avance pour trouver place. Mais Court de Gébelin, avec son tempérament méridional (il était originaire de Nîmes) et avec ses idées préconçues (il était ardent protestant), était peu fait pour figurer dans le monde, moins encore pour prévenir et pour concilier des dissensions que font souvent naître l'amour-propre des gens de lettres et des savants. Le toulousain Cailhava d'Estandoux était devenu, en 1783, le chef du parti opposé au fondateur, qui, nommé président honoraire perpétuel, avait été accusé de mauvaise gestion. La querelle s'aigrit à ce point qu'il en fut référé au lieutenant général de police. Les dissidents ayant déchiré l'acte d'union en vertu duquel la maison de la rue Dauphine était louée, Court de Gébelin leur en fit fermer les portes lorsqu'ils se présentèrent pour assister à la séance du 31 juillet. En vain Cailhava et ses partisans eurent recours à des commissaires pour constater le refus et faire enfoncer les portes. Aucun de ces agents n'ayant voulu leur prêter son ministère, ils se déterminèrent, après des procédures inutiles, à se réunir, le 11 décembre, au Musée scientifique de Pilâtre du Rosier, rue Sainte-Anne, sous la présidence de Cailhava. Ils publièrent la relation de cette séance dans les journaux ; mais Court de Gébelin réclama contre leurs prétentions. Il déclara que le Musée existait toujours dans son ancien local et que Cailhava n'était qu'un intrus puisqu'il avait donné sa démission le 7 août. Peu après, le 10 mai 1784, Court de Gébelin mourait et Cailhava rentra au Musée à la fin de 1785. Mais cette institution ne tarda pas à péricliter, et, finalement, à disparaître.

Pilâtre du Rosier s'était inspiré de la tentative de Court de Gébelin ; mais il avait surtout imité l'institution fondée par La Blancherie sous le nom de *Correspondance générale et gratuite pour les sciences et les arts*. De son côté, La Blancherie avait pris pour modèle le « Lycée » de Lyon, remontant à 1777 et qui lui-même n'était que l'imitation du fameux club littéraire du café Saint-James[1]. Il suffit de lire le journal qu'a publié pendant dix ans La Blancherie, sous le titre de : *Nouvelles de la République des lettres*, où il rendait compte des assemblées des savants et des artistes auxquels il s'offrait comme intermédiaire, pour apprécier les services qu'il pouvait procurer aux hommes d'études dispersés dans Paris ou de passage dans la Capitale. Il leur fournissait, en effet, tous les renseignements qu'ils lui demandaient et il assurait aux peintres et aux sculpteurs un Salon d'exposition permanente pour leurs œuvres. Ces services sont d'ailleurs constatés par le rapport que Franklin, Leroi, Condorcet et Lalande avaient présenté à l'Académie des Sciences le 20 mai 1778.

Pilâtre du Rosier, qui avait un esprit aussi pratique qu'entreprenant, fit mieux encore, ainsi qu'on peut en juger par le programme de son *Musée*, publié dans les *Mémoires pour servir à l'histoire de la République des Lettres*[2]. Ce programme annonçait :

« 1° Un cours physico-chimique servant d'introduction

1. Voir sur le « Lycée » de Lyon, le *Courrier* du 25 juillet 1786 et les *Mémoires secrets* de 1777.
2. 3 décembre 1781.

aux arts et métiers, dans lequel on fera connaître l'histoire naturelle des substances qu'on y emploie;

« 2° Un cours physico-mathématique expérimental dans lequel on s'appliquera spécialement aux arts mécaniques;

« 3° Un cours sur la fabrication des étoffes, les teintures et les apprêts;

« 4° Un cours d'anatomie dans lequel on démontrera son utilité dans la sculpture et la peinture, auquel on joindra les connaissances physiologiques nécessaires à un amateur;

« 5° Un cours de langue anglaise;

« 6° Enfin, un cours de langue italienne. »

Le *Musée* s'adressait donc tout à la fois aux commerçants auxquels il offrait des cours techniques et aux savants auxquels il procurait un laboratoire des mieux outillés. Il constituait une sorte d'École pratique des sciences et de Conservatoire des arts et métiers. Cette innovation, tout à la fois théorique et pratique, répondait aux besoins du temps et fait honneur à l'esprit pénétrant et hardi de Pilâtre du Rosier. Il y ajouta successivement des cours sur les mathématiques, l'astronomie, l'électricité, les aimants [1].

Cependant, la science n'avait pas suffi à Pilâtre du Rosier. Il n'avait pu se contenter d'un auditoire d'hommes studieux et de la fréquentation des savants, dont il était devenu le collègue à l'Académie des Sciences, à l'Académie française, à l'Observatoire, à la Société royale de médecine, à l'École royale vétérinaire. Il était très répandu dans la haute société, et il voulait qu'elle donnât à son institution un relief mondain. En conséquence, il se fit autoriser à admettre des dames aux cours de son Musée [2]. Il lui fallait, d'ailleurs, beaucoup d'argent pour satisfaire aux dépenses courantes et pour subvenir aux frais du laboratoire. Et ces subsides, il pouvait les trouver dans le milieu où il fréquentait; en con-

1. *Mémoires secrets*, 3 décembre 1782.
2. *Ibid.*, 3 janvier 1783.

séquence, il s'efforça de l'attirer à ses cours, en l'intéressant aux sciences nées de la veille et en piquant sa curiosité par la nouveauté des sujets traités.

Une grande rivalité ne tarda pas à se produire entre le *Musée de Monsieur* et la *Société de La Blancherie*. Celui-ci se fit donner, comme Pilâtre du Rosier, la permission d'admettre les dames à ses séances. Pilâtre du Rosier riposta en dispensant les amateurs de payer la cotisation de trois louis par an. La Blancherie ne tarda pas à voir péricliter son œuvre, même après avoir ajouté à ses séances littéraires des bals et des concerts. Il dut subir plusieurs faillites et son nom finit par disparaître un peu avant la Révolution.

Pilâtre du Rosier triomphait. Le *Musée de Monsieur* était devenu de plus en plus prospère. Il s'était attaché les dissidents du *Musée* de Court de Gébelin, ainsi que la *Société patriotique bretonne*. On accourait en foule aux fêtes qu'il donnait. Il est vrai que Pilâtre du Rosier ne négligeait rien pour attirer le public. Tantôt, c'était un prince nègre qu'il invitait pour lui montrer des expériences de physique en présence de ses habitués; tantôt, c'était le bailli de Suffren qu'il appelait à couronner le buste de Buffon : il devait y avoir, ce soir-là, une cantate en l'honneur du célèbre naturaliste; mais la Saint-Huberti lui manqua de parole. Court de Gébelin avait été plus heureux. Le 11 mars 1783, il avait couronné le buste de Franklin, et la cantate qu'il avait composée avait pu être exécutée.

Une médaille « pour l'année 1785 » porte sur l'une de ses faces un temple à fronton triangulaire avec cette inscription : « TEMPLE DES ARTS — *Institué par M. Pilâtre du Rosier en* MDCCLXXXI. » Sur l'autre face, on voit une L et une M entrelacées au milieu d'une couronne de lauriers, avec cette inscription tout autour : « I<sup>er</sup> MUSÉE AUTORISÉ PAR LE GOUV. SOUS LA PROT<sup>on</sup>. DE MONSIEUR ET DE MADAME. »

Pilâtre du Rosier n'avait pu éviter les mécontentements ni les froissements. Un de ses collaborateurs les plus distingués, le chimiste Proust, l'avait quitté. Quelques-uns de ses habitués lui adressèrent des réclamations blessantes

quand il se fit suppléer pour préparer l'entreprise aérosta-
tique où il périt tragiquement le 15 juin 1785. Mais jusqu'à
ce moment le succès ne laissait rien à désirer, car, s'il
faut en croire les *Mémoires secrets* du 18 décembre 1784,
la somme des abonnements s'élevait à 40,000 livres, ce qui
représentait plus de six cent cinquante souscripteurs[1].

Ce ne fut qu'à sa mort que son entreprise faillit péricliter. Ses créanciers firent vendre sa bibliothèque et ses instruments de physique. Mais le Comte de Provence intervint.
Il se déclara le protecteur à perpétuité du Musée, l'acheta
à un héritier de Pilâtre du Rosier et désintéressa ses créanciers[2].

Peu après, le Musée changea de nom. Il s'appela le
*Lycée* et passa sous la présidence de Flesselles, auquel la
ville de Paris était redevable de nombreux bienfaits, notamment en fondant à ses frais, pour perfectionner la teinture
noire de la soie, un prix de 300 livres qui avait été accordé,
en 1777, à Jacques Lafond. Ses anciens dissidents lui re-
vinrent. Sa vogue augmenta surtout lorsqu'il s'adjoignit
Garat et La Harpe, qui inaugurèrent, le 8 janvier 1786, le
premier l'enseignement de l'histoire proprement dite, et le
second celui de l'histoire littéraire.

## II. — LE PROJET DE M. DELAISTRE

Toutes ces idées devaient avoir leur répercussion en province. C'est ainsi que nous voyons, en 1784, « M. DELAISTRE,
inspecteur des travaux publics du Languedoc, membre de
l'Académie des Arts de Toulouse », « présenter à la ville de
Toulouse[3] », en un mémoire qu'il fut autorisé à imprimer le

1. Ch. Dejob, *lib. et loc. cit.*, p. 10.
2. Sur les péripéties du *Musée* à la mort de Pilâtre du Rosier, voir
un article de la *Révolution française* du 14 juin 1888.
3. Archives municipales de la ville de Toulouse, Recueil factice
concernant l'Académie des Beaux-Arts, 66, 87, pièce 6. Ce document
était ignoré de mon camarade et ami d'enfance, le docteur Prosper

26 mai 1781, un *Plan abrégé d'un Musée*, qui aurait cons-
titué un véritable « Institut » avant l'établissement de l'*Institut de France*.

M. Delaistre « proposait d'élever à Toulouse un *Musée*
qui rappellerait, disait-il, celui qu'Alexandre établit dans la
fameuse cité qui porte encore son nom : de concentrer dans
cet établissement, sous les auspices du Gouvernement et des
sages Administrateurs de cette Ville, un foyer d'émulation
commun à tous les objets des connaissances humaines et d'y
encourager les talents par des récompenses aussi flatteuses
qu'utiles, en même temps que leur réunion surpasserait la
gloire de ce célèbre dépôt littéraire, dont la perte a si longtemps affecté les Sciences et les Arts ».

A cet effet, le Musée devait réunir dans le même local les
quatre Académies de Toulouse : celles des Sciences, des Arts,
des Jeux Floraux et de Musique.

Un vaste salon serait ménagé pour rassembler chaque
jour tous les membres du Musée. On y lirait les journaux
et les papiers publics ; on y disserterait sur les nouvelles
découvertes relatives aux Sciences et aux Arts, et l'on y
admettrait les savants étrangers.

On formerait une vaste bibliothèque, qui serait ouverte
au public certains jours de la semaine et tous les jours aux
membres du Musée.

On établirait des cabinets de physique, d'histoire naturelle et un laboratoire de chimie.

Dans une salle seraient déposés des plans en relief des
divers systèmes de fortifications pour l'usage des militaires.
Il y aurait également une salle pour la marine, etc.

L'enseignement devait être donné par vingt-deux professeurs, tous choisis parmi les membres du Musée.

L'Académie des Sciences devait désigner un professeur
pour chacun des enseignements suivants : les Mathématiques, l'Astronomie, la Physique, l'Histoire naturelle, la Chi-

Grachette, lorsqu'il communiqua au Congrès des Sociétés savantes
tenu à Toulouse en 1899, son étude sur la séance publique du *Musée*
de Toulouse du 29 juillet 1786.

mie, le Génie militaire, la Marine, l'Histoire et la Géographie, en tout huit professeurs.

L'Académie des Beaux-Arts était appelée à en désigner cinq, savoir : quatre professeurs pour les hommes (dessin, peinture, sculpture et architecture) et une maîtresse pour les dames.

A l'Académie des Jeux Floraux était réservé le choix de quatre professeurs (éloquence, langue française, langue italienne et langue anglaise).

L'Académie de Musique fournirait un professeur de musique vocale, un autre de composition, un troisième de clavecin, et une maîtresse pour les dames.

Il y aurait enfin un bibliothécaire.

« Une instruction aussi vaste et qui renferme presque toutes les connaissances humaines, ajoutait M. Delaistre, amène avec elle l'idée d'un bâtiment unique en son genre et qui peut devenir un des principaux monuments destinés à embellir la ville de Toulouse et à la distinguer parmi toutes les autres villes du monde. Le local le plus convenable pour contenir ce Musée, en y réunissant les Académies des Sciences, des Arts, des Jeux Floraux et la nouvelle Académie de Musique, seroit le local compris entre le Port de la Daurade et celui de Saint-Pierre (dit le Port de Bidou) sur la largeur jusqu'à la rue des Blanchers, qu'on prolongeroit parallèlement jusqu'au mur de clôture des Religieux de Notre-Dame-du-Sac. La masse du bâtiment seroit formée par un grand Corps double, parallèle au Quai : sur ce Corps s'avanceroient quarrément quatre ailes aussi doubles, qui diviseroient le terrain en deux grandes cours vers les extrémités. Une promenade publique assez considérable seroit placée dans le milieu. En face, on construiroit dans le corps du bâtiment un vaste Sallon qui serviroit aux Assemblées journalières des Membres du Musée et aux Séances publiques des Académies.

« Le restant de ce corps, entre le grand Sallon à la première aile à gauche, seroit occupé par un grand Cabinet d'Histoire naturelle, un de Physique, un laboratoire de

2

Chimie; et toute l'aile adjacente seroit distribuée à l'Académie des Sciences pour sa Salle d'Assemblée, ses Cabinets de résumption et pour toutes les Ecoles énoncées ci-dessus.

« L'aile qui termineroit le bâtiment seroit destinée à l'Académie des Arts pour sa Salle d'Assemblée, Salle d'exposition des Tableaux, Cabinets pour les Concours, Ecoles, etc.

« Les Académies des Sciences et des Arts occuperont donc toute la partie gauche de ce vaste bâtiment, et elles communiqueront au grand Sallon du milieu par une galerie qui régnera tout le long de la rue des Blanchers.

« A la droite du Sallon seroit une Bibliothèque publique, une pièce pour les Manuscrits, une autre pour la Musique manuscrite ou gravée, une autre pour les Estampes. Dans l'aile à droite seroit l'Académie des Jeux Floraux, distribuée en salle d'Assemblée, Cabinets et pièces nécessaires à ce Corps Littéraire. L'aile du côté de la Daurade seroit occupée par l'Académie de Musique, qui auroit aussi sa Salle d'Assemblée, une Salle pour les Concerts particuliers, plusieurs Ecoles pour le clavecin, la composition, la lecture. Les Académies des Jeux Floraux et de Musique communiqueroient au grand Sallon par une galerie semblable à celle destinée aux Académies des Sciences et des Arts.

« Cette distribution étant au premier étage, tout le rez-de-chaussée, sous les Académies et tout le long de la rue des Blanchers, serviroit à des Manufactures dont les Académies dirigeroient les opérations, et dont les produits seroient reversibles sur les Actionnaires, ce qui peut devenir dans la suite un objet de spéculation très intéressant.

« La partie du milieu, destinée à une promenade, auroit ses terres supportées par les Voûtes des Magasins nécessaires aux Manufactures, et seroit occupée par un double équipage de machines hydrauliques, dont l'une éléveroit les eaux de la rivière et les monteroit dans un château-d'eau adossé au côté droit du grand Sallon; l'autre éléveroit les eaux des sources des Gardes-Sainte-Marie, Perpan, etc., qui pourroient être conduites par divers moyens qu'on se réserve d'indiquer lors de l'exécution.

« La partie destinée à la promenade publique auroit dans son mur de soutènement sur le Quai une grande fontaine avec des nappes d'eau.

« La décoration du centre de la promenade seroit formée par quatre piédestaux sur lesquels seroient placées les statues de l'Histoire et de la Peinture, accompagnées de leurs attributs; la statue de Clémence Isaure, avec les attributs des divers genres de Poésie, et celle de la Musique soutiendroient sur un bouclier la statue de Louis XVI, Protecteur des Sciences et des Arts.

« Les anciens Rois, après leur élection, étoient portés dans le Camp sur un pavois par leurs soldats; ici, dans le sanctuaire des Sciences et des Arts, le Monarque Français seroit présenté à son Peuple comme le Souverain qu'elles ont choisi pour les protéger.

« Sur les quatre piédestaux seront appliquées des plaques de bronze, où l'on gravera le nom des Souscripteurs : honneur civique que le temps respectera et qui ne peut être que précieux pour les âmes patriotiques. Des deux côtés de ce monument seront deux bassins quarrés longs, dans lesquels jailliroient d'un côté l'eau de la rivière et de l'autre celle des sources. Ainsi, la ville de Toulouse recevroit en même temps du Musée la propagation des Sciences et des Arts et les eaux propres à la nourriture de ses habitants et à la propreté de la Ville.

« Le second étage du Musée seroit destiné au logement des Professeurs, et il seroit pratiqué une communication pour parvenir de l'Académie des Sciences à l'Observatoire. Il est inutile de s'arrêter à décrire la décoration extérieure; on en jugera par les Plans qui seront mis sous les yeux des Souscripteurs par M. Cammas, que ses talents en ce genre peuvent faire marcher à côté de nos meilleurs Architectes Français.

« Ce qui vient d'être dit prouve assez que le Musée ne sera pas seulement une Académie, dont les membres attachés par goût à quelques Parties attirent sur eux de temps en temps les regards du Public; ce ne sera pas non plus une de ces associations décorées du titre générique de Musée et formées depuis peu dans quelques Villes, ce sera une de ces institutions célèbres, consolidée par l'Autorité et soutenue par les Citoyens même; de manière qu'une fois établie, elle ne pourra jamais être détruite.

« D'un côté, mille Habitans de la Province (qui, sans doute, offrira aisément ce nombre) souscriront chacun pour une somme de cent livres par année pendant trois ans, ce qui produira un capital de trois cents mille livres.

« D'un autre côté, ces mêmes Citoyens souscriront annuellement pour une somme de cinquante livres, ce qui donnera une redevance de cinquante mille livres.

« Les trois cens mille livres seront employées à la construction de l'édifice, et seront perçues par les mains du Trésorier de la Ville, qui sera chargé de la recette.

« Les cinquante mille livres serviront à l'entretien et à la dépense des divers objets du Musée, selon le plan d'Administration qui sera agréé par la Ville.

« On fera entrer dans ce Plan celui d'une lotterie qui amènera successivement à chaque Actionnaire le remboursement de son capital; on mettra dans la roue de fortune le nom de tous les actionnaires, et on en tirera trois auxquels on remettra leurs fonds; outre ce remboursement, on distribuera des billets *gratis* aux Souscripteurs pour tirer une seconde loterie, où il y aura un lot de trois mille livres destiné au plus heureux.

« Les revenus du Musée suffiront à cette dépense, puisqu'ils monteront à 50,000 l. qui seront distribués, savoir :

A 22 Professeurs, à 1,200 liv............... 26,400 liv.  
Au Bibliothécaire......................... 1,200 liv.  
En remboursement......................... 3,900 liv.  
A la Loterie.............................. 3,000 liv.  
                                             34,500 liv.  
Reste pour la dépense de la Bibliothèque,  
    Cabinets et Pensionnaires.......... 15,500 liv.  
               Total....... 50,000 liv.

« .L'administration de la finance et la manutention générale du Musée sera le partage d'une Commission composée
des principaux Magistrats de la Ville et de douze Souscripteurs, nommés tous les trois ans dans une Assemblée générale de tous les Membres du Musée, qui se choisira aussi un
Président, un Secrétaire et un Trésorier particulier.

« Les Citoyens seront portés à souscrire, non seulement
par la modicité de la souscription relativement à la grandeur du projet, mais encore par la considération des avantages qui en résulteroient pour les Souscripteurs, soit du
côté de l'éducation gratuite de leurs enfans, soit du côté de
l'intérêt personnel, le produit des Manufactures pouvant devenir un objet considérable.

« Quel père de famille ne sera pas flatté, en effet, de savoir que, dans la capitale de son pays, dans l'endroit destiné
à recueillir toute la jeunesse, ses enfants et sa postérité
trouveront, au moyen de l'abonnement annuel, la facilité
d'une instruction gratuite dans tous les genres !

« Quel homme de lettres ne sera pas charmé de voir un
certain nombre de places affectées aux Souscripteurs et dont
les revenus assurés sur la redevance annuelle formeront une
retraite réservée au mérite, qui y goûtera encore la satisfaction d'être utile à sa patrie !

« Quelle ne sera pas l'émulation quand on verra ses travaux appuyés par un concours nombreux, et quand on sera
certain de transmettre son nom à la postérité parmi les
Bienfaiteurs de la patrie !

« Quel avantage les Sciences et les Arts ne retireroient-ils
pas de cette réunion des quatre Académies de Toulouse, qui,
sans rien changer à leur régime ordinaire, trouveront chacune un logement dans ce nouveau bâtiment et verront leurs
membres participer comme honoraires aux séances générale-
les, particulières et habituelles du Musée !

« Quelle facilité ne trouveroit point alors l'établissement
d'une Académie de Musique dans une ville déjà célèbre par
les heureuses dispositions de ses habitans et la multitude
des sujets rares qu'elle a produits, et ne pourrait-on pas

appeler une barbarie le peu de zèle qu'on a apporté jusqu'à ce jour dans l'établissement d'une Académie de Musique à Toulouse !

« Quel agrément pour la société si le sexe, qui en fait le principal ornement, et qu'un usage si ridicule éloigne des arts qui tiennent de la délicatesse, avait enfin l'occasion de déployer les talents agréables que la nature semble avoir destinés pour les dames! Elles jouiront dans le Musée de tous les avantages de leur sexe; elles y régneront à certaines heures du jour; elles y auront à leur disposition des maîtres de dessin, de clavecin, de harpe, de musique vocale, etc.

« Les élèves qui remporteront trois fois consécutives les différents genres seront entretenus aux dépens du Musée pendant plusieurs années.

« Il y aura d'ailleurs deux pensionnaires toujours pris parmi les souscripteurs et parmi la classe des savants, qui, se trouvant sans beaucoup de fortune, y jouiront d'une retraite; ils auront le logement, la table et bon lit; cette table sera la même que celle des élèves qui auront remporté les prix.

« L'occupation de ces pensionnaires sera de rester alternativement au Sallon, pour converser et aider de leurs lumières les personnes qui y viendront pour s'instruire. »

### III. — LA FONDATION DE Mgr DE BRIENNE.

Tel était le projet de Musée qu'avait conçu M. Delaistre pour Toulouse. Il était évidemment grandiose et dépassait de beaucoup l'organisation du Musée de Paris.

Ce projet ne devait être exécuté que partiellement, sous l'influence et le patronage de Mgr de Brienne, alors archevêque de Toulouse [1].

1. Il avait été promu à ce siège le 2 février 1763 et le quitta en 1788 pour l'archevêché de Sens, après avoir été nommé « ministre principal » par Louis XVI.

Etienne-Charles DE LOMÉNIE DE BRIENNE était originaire de Paris, où il avait fait des études brillantes et où il avait des relations très étendues. Il avait cédé à son frère cadet ses droits d'aînesse pour embrasser l'état ecclésiastique : on ne saurait donc douter de sa vocation religieuse. Son administration spirituelle a été fort contestée; mais on ne peut que louer le gouvernement de son diocèse sous le rapport temporel. Il sut embellir Toulouse et s'occupa avec persévérance de sa prospérité. « C'est à lui, disait le baron Picot de Lapeyrouse, qu'elle est redevable de ces quais magnifiques qui bornent et contiennent le fleuve qui le traverse, de ces grandes routes, de ces belles avenues, de ces places publiques, de ces rues qui procurent au voyageur un abord commode, au commerce des communications faciles et sûres. Il cultiva les lettres et usa de tout son pouvoir pour les faire fleurir, après avoir pourvu par divers établissements à l'éducation des jeunes gens, de ceux surtout qui se destinaient au ministère évangélique. Il créa et fit doter nos bibliothèques publiques dont un zélé citoyen, l'abbé d'Héliot, avait jeté les premiers fondements... C'est lui qui fit établir les chaires et les cabinets de chimie et de physique expérimentale; c'est lui qui fit assurer à Toulouse la propriété et à l'Académie des Sciences l'usage de ce bel Observatoire qu'avait élevé avec tant d'art, de soins et de goût, M. Garipuy. »

Lié avec la plupart des Économistes de son temps, tels que Turgot, dont il passait pour avoir été le collaborateur, dès 1744, pour l'écrit intitulé : *Le Conciliateur* ou *Lettres d'un Ecclésiastique à un Magistrat*, et dont Naigeon, Condorcet et Dupont de Nemours ont donné successivement des éditions, ami des Encyclopédistes et, en particulier, de Morellet et de d'Alembert, s'il ne partageait pas entièrement leurs idées, il était du moins tout dévoué à l'esprit du siècle et au progrès des sciences nouvelles. A Toulouse, il s'était entouré des hommes les plus distingués et les plus érudits qu'il avait appelés pour la plupart au Collège-Royal, dont l'enseignement déjà très apprécié s'améliora ainsi rapidement.

Il avait pris comme secrétaire l'abbé ROGER MARTIN, originaire d'Estadens, dans l'arrondissement de Saint-Gaudens. Il l'avait d'abord pourvu d'une chaire de philosophie au Collége-Royal et lui avait fait ensuite accorder par les États de la province une subvention de 30,000 livres pour créer un cabinet de physique expérimentale. L'abbé Roger Martin devait justifier ce choix par de nombreux succès comme professeur et comme conférencier[1].

Dans le but de compléter l'enseignement du Collége-Royal, M<sup>gr</sup> de Brienne avait fait venir de Paris, sur la recommandation du célèbre abbé Delille, en ce moment son hôte à Toulouse, un des meilleurs élèves de ce dernier, Pierre-Laurent CARRÉ, lauréat de plusieurs Académies et du Musée de Paris, qui s'était consacré à l'enseignement et qu'il avait nommé professeur de rhétorique. Dès son arrivée à Toulouse, Carré s'était fait remarquer par ses leçons professionnelles et par ses productions littéraires[2].

M<sup>gr</sup> de Brienne avait également enlevé à Paris Jean CASTILHON pour en faire le bibliothécaire du Collége-Royal. Né à Toulouse le 11 septembre 1720, Jean Castilhon s'était voué, dès son jeune âge, à l'étude des lettres. Pendant qu'il étudiait en droit, il avait fondé une Société littéraire, l'Aca-

1. La Révolution de 1789 vint interrompre ces succès ; mais, lorsque l'ordre se rétablit, il devint membre du Conseil des Cinq-Cents en 1795, puis député au Corps législatif. Il a publié de nombreux ouvrages scientifiques. Il avait écrit un ouvrage sur l'*Électricité* d'après Adam, que P. Didot allait éditer, et il avait commencé *Un abrégé du système de chimie de Fourcroi*, lorsqu'il mourut à Toulouse le 18 mai 1811.

2. Le Collége-Royal ayant été supprimé après la Révolution de 1789, Carré, privé des moyens d'existence, serait tombé dans la misère, s'il n'eût été appelé à diriger l'institution de M. Albert, dont il épousa la plus jeune fille. Lorsque l'Empire réorganisa les services publics, le grand-maître de l'Université, M. de Fontanes, nomma Carré professeur à la Faculté des lettres de Toulouse. La Restauration lui fut moins favorable. Accusé de jacobinisme pendant la Révolution, on lui reprocha, en outre, ses sympathies pour les fédérés de 1815. A ces tracasseries vinrent se joindre des revers de fortune et des chagrins causés par la perte de ceux qui lui étaient chers. Il rejoignit Paris pour y passer ses derniers jours et mourut le 25 février 1825, à l'âge de soixante-sept ans.

Les œuvres de P.-L. Carré ont été publiées avec son portrait par le B<sup>on</sup> Trouvé, en 1826.

*démie des galetas*, que nous avons déjà mentionnée. Lauréat des Jeux Floraux à diverses reprises, il était devenu Mainteneur le 28 mars 1751. Puis, il s'était rendu à Paris, où il avait rédigé la partie littéraire de l'*Essai sur l'art de la guerre*, par le comte de Turpin-Sancey, inspecteur général de cavalerie. Pendant deux années, il avait suivi les armées en Allemagne comme secrétaire général de l'inspection de cavalerie et composé avec le comte de Turpin-Sancey les *Amusements philosophiques et littéraires de deux amis* (1751). De retour à Paris, il avait publié divers autres ouvrages historiques, biographiques ou littéraires, s'était lié avec Lalande, d'Alembert et Diderot, avait collaboré à la rédaction de la *Grande Encyclopédie* et était devenu l'ami de Palissot, l'auteur de la comédie *Les Philosophes*, de Poinsinet de Sivry, de Maret de Dijon, et de plusieurs autres publicistes. Il avait fondé avec son frère, Louis Castilhon, le *Journal de Bouillon*, puis le *Spectateur français* ou *Journal des mœurs* (1776). La continuation du *Journal encyclopédique*, en collaboration avec son frère, et la rédaction du *Journal de Trévoux* de 1774 à 1778 avaient retenu Castilhon à Paris quelques années encore. Mais il avait cédé aux sollicitations de M<sup>gr</sup> de Brienne; il avait vendu sa riche bibliothèque au prince de Salm et s'était fixé définitivement à Toulouse, où il devint, en 1781, secrétaire perpétuel de l'Académie des Sciences, Inscriptions et Belles-Lettres.

Avec l'aide de ces principaux collaborateurs, M<sup>gr</sup> de Brienne résolut de créer à Toulouse un Musée qui, tout en rappelant celui de Paris, aurait ses caractères particuliers, sans aller jusqu'aux conceptions trop grandioses de M. Delaistre, et il ne tarda pas à grouper autour de sa nouvelle institution l'élite de la population toulousaine : des savants, des érudits, des jurisconsultes, des amateurs d'art et de musique, de jeunes avocats au Parlement qui cultivaient également les belles-lettres, des abbés mondains dans la meilleure acception du mot, des religieux même qui aimaient à quitter leur couvent pour fréquenter le Musée.

La maison qui, dans la rue Duranti, autrefois des Pénitents-Bleus, au pré Montardy, avait été disposée en salle de concert, servit de lieu de réunion aux « Muséens », comme ils s'appelaient. L'Académie des Jeux Floraux, l'Académie des Sciences et l'Académie de Peinture, Sculpture et Architecture accueillirent avec bienveillance la nouvelle institution et lui prêtèrent leur concours. Plusieurs de leurs membres guidèrent ses premiers travaux. Tous ceux qui, dans la société toulousaine, s'intéressaient à la littérature, aux sciences ou aux arts s'empressèrent à ses séances comme auteurs ou comme auditeurs. Les dames elles-mêmes y accoururent, et leurs applaudissements ajoutèrent à la gloire des vainqueurs. Suivant les expressions de l'époque, « elles venaient augmenter le nombre des Muses sans quitter le chœur des Grâces ».

On y cultivait également la musique et l'on y jouait des œuvres célèbres ou inédites. Le chant faisait les délices de ces réunions, et les instruments, maniés par les mains les plus exercées et les plus habiles, formaient des « symphonies » très appréciées.

Les controverses théologiques étaient bannies. Les lois de l'État devaient être respectées.

Dans les séances ordinaires, qui avaient lieu à des intervalles assez rapprochés, en petit comité, les Muséens se livraient à des causeries spirituelles, à des lectures pleines d'intérêt. Une confraternité amicale les unissait. Ils se donnaient des conseils francs, utiles et désintéressés.

Les assemblées publiques attiraient un grand concours d'auditeurs. Elles n'avaient pas tardé à devenir aussi brillantes que celles des Jeux Floraux le 3 mai.

Ces réunions avaient lieu à cinq heures du soir — comme nos « five o'clock » contemporains. La salle du concert était brillamment illuminée. Les dames y assistaient en élégantes toilettes. Des commissaires muséens faisaient le service d'honneur. Tout était du mieux combiné pour la commodité et l'agrément.

On se montrait Cazalès, dont le talent oratoire devait plus

tard illustrer la tribune de l'Assemblée constituante; Ba-
rère de Vieuzac, alors avocat au Parlement, qui était loin
de songer à son rôle sinistre à la Convention où il fut
surnommé « l'Anacréon de la guillotine »; le P. Sqrmet,
supérieur des Carmes déchaussés, qui devait lui aussi devenir un des hommes célèbres de la Révolution, et qui aimait
à entretenir l'assemblée des histoires singulières qu'il avait
recueillies dans les rues de Toulouse, comme celle de la
*Dono Jouano del canton de la Vidalo;* Guillaume Desazars
de Montgaïlhard, fils du capitoul de ce nom, qui arrivait de
Juilly avec la réputation d'un des plus brillants élèves des
Oratoriens et qui se distingua comme premier président de la
Cour d'appel de Toulouse; l'abbé Sicard, qui s'efforçait de
vulgariser les moyens ingénieux qu'il avait inventés pour
remplacer la parole auprès des sourds-muets de Toulouse;
le chevalier d'Auffréry, ce nestor des lettres et des arts;
Poitevin-Peitavi, qui fut l'historiographe de l'Académie
des Jeux Floraux en même temps que son secrétaire perpétuel, lors de sa reconstitution en 1806; Joseph Treneul,
précepteur d'un des enfants du comte de Castellane, dont les
poésies se faisaient remarquer par l'élévation des sentiments
et l'élégance du style; le marquis d'Escouloubre, ancien
colonel d'infanterie, qui partageait ses loisirs entre la littérature et l'agriculture, et joua un grand rôle politique soit
comme député de la Noblesse aux États Généraux, soit
comme maire de Toulouse en 1814; l'abbé Saint-Jean, prébendier à la Cathédrale, prieur de Roqueserrière, dont la
vie fut singulièrement mouvementée et qui devait se mani-
fester par ses paroles et par ses écrits jusque sur les tréteaux de la Révolution pour revenir ensuite à ses anciens
sentiments religieux et politiques, etc.

Aux lectures succédaient parfois des expériences de physique par l'abbé Roger Martin, ou des analyses chimiques
par Chaptal, qui préludait ainsi à la carrière qu'il a si glo-
rieusement parcourue.

On distinguait dans cette élite plusieurs officiers qui
venaient de faire les campagnes d'Amérique sous Washing-

ton, Lafayette et Rochambeau, et des chevaliers de Malte ayant exécuté sur les vaisseaux de l'Ordre de Saint-Jean de nombreuses croisières dans le Levant pour y combattre les Infidèles.

Parmi les musiciens, on retrouvait tous les artistes estimés des Toulousains : Buch, premier cor; Turlet, premier violon solo de la cour de Turin, où il avait succédé au célèbre Poiani; Médan, l'un des principaux choristes du théâtre, qui jouait ordinairement le rôle de Jeanet dans *Alcimadure*, pastorale languedocienne, dont les paroles et la musique étaient de Mondonville; Lalande, père de Mlle Lalande, première chanteuse, qui devait obtenir d'éclatants succès dans les plus grandes villes de France; Rabastens, mande de la Confrérie royale des Pénitents Bleus, qui possédait une superbe voix de haute-contre. Puis venaient, sous la haute direction, soit de M. de Chalvet, soit de Baptiste, les *Tutti* qui faisaient valoir les plus beaux chœurs des opéras en vogue.

Malheureusement, on n'a pas conservé les programmes de ces séances ni les comptes rendus qui en ont été faits au jour le jour. Nous aurions pu en juger d'autant mieux. Mais nous avons, pour nous guider un peu, les quelques pages qu'a écrites à ce sujet Alexandre Dumège dans son *Histoire des Institutions de la ville de Toulouse*[1] et le programme de l'assemblée publique du samedi 29 juillet 1786, qui a été heureusement retrouvé par le regretté docteur Graciette.

Ce programme, de format petit in-4° de 8 pages, sortait des presses de Robert, imprimeur du Musée, en face du Collège-Royal. Il était en vente, avec tous les travaux des Muséens, chez Sacarau, libraire, rue Saint-Rome, à l'enseigne du Parnasse.

« La séance, dit le programme, commencera par une symphonie de la composition de M***, muséen.

« M. de Puymaurin, syndic général de la province de

1. Tome IV, pp. 399 et suiv.

Languedoc, président du Musée, lira des « Réflexions sur l'application de la Philosophie à l'Administration ».

On sait le rôle qu'a joué le baron de Puymaurin dans l'industrie et dans les arts à Toulouse. Il avait visité les principales villes de l'Italie et il en avait rapporté les connaissances les plus étendues. Il n'était pas moins généreux ; c'est lui qui permit au peintre Gamelin de se former à Toulouse et de compléter son éducation artistique à Rome. Il a été longtemps le propriétaire de cet hôtel d'Assézat, si heureusement devenu le palais des Académies toulousaines, et on lui doit notamment la décoration des deux salons où l'Académie des Jeux Floraux et l'Académie des Sciences tiennent respectivement leurs séances hebdomadaires.

Le programme de la séance du 29 juillet 1786 ajoute : — « On lira des fragments d'un discours en vers « Sur les protecteurs des arts », par M. Crignon, du Musée de Paris, correspondant de celui de Toulouse, et une « Description de la grotte de Marcillac », en Quercy, par M. Bordes-Bailot, avocat, muséen.

« Ces lectures seront suivies de la « Romance de Marie Stuart », chantée par M. l'abbé Prax, muséen.

« On lira ensuite l'extrait d'un discours de M. Jouvent, muséen, « Sur l'Amitié », et la traduction d'un morceau du Dante, par M. Floret, avocat, muséen ».

Barthélemy Jouvent était, à cette époque, un jurisconsulte distingué. Il est devenu plus tard un des meilleurs professeurs de notre Ecole de droit où il enseignait la procédure civile et la législation criminelle.

Jacques Floret était, comme Barthélemy Jouvent, avocat au Parlement de Toulouse. Originaire de Marseille, il était membre de l'Académie de cette ville qui lui avait décerné un prix d'éloquence pour un discours sur les caractères permettant de distinguer les œuvres de génie des ouvrages d'esprit. Sa traduction de l'épisode du comte Ugolin produisit un grand effet sur l'assemblée. Les journaux du temps ont signalé de lui plusieurs autres compositions littéraires qui furent très remarquées, entre autres un *Voyage aux planètes*, badinage agréable et léger, plein de verve et d'esprit[1].

« M. l'abbé Caire, muséen, continue le programme, chantera une scène traduite de l'opéra de *Bérénice*, musique del signor Traëtta. » — Thomas Traëtta était originaire de Naples, et ses œuvres lyriques jouissaient à cette époque de la plus juste réputation. Il joignait à un grand savoir musical un génie dramatique plein de vigueur dans l'expression de la passion; il excellait surtout dans les effets sombres et pittoresques de l'harmonie, et l'abbé Caire les faisait valoir habilement de sa voix puissante et bien timbrée.

M. de Lavedan, secrétaire perpétuel du Musée, devait lire une « Epître » adressée à un ami.

Jean-Baptiste de Lavedan avait succédé à son père, dès l'âge de seize ans, le 29 novembre 1775, en qualité de greffier en chef alternatif et mi-triennal du bureau des finances de la Généralité. Les occupations peu littéraires de son office ne l'avaient pas empêché de cultiver la poésie et il avait obtenu de grands succès dans les salons de la Société parlementaire, où il avait été présenté par Mme de Poulhariez, sœur utérine de sa mère. Il devait les accentuer au Musée, dont il dirigeait les travaux avec autant d'intelligence que de zèle.

L'abbé Carré succéda à M. de Lavedan en lisant des vers « sur la mort du prince de Brunswick », qui avait péri l'année précédente, à Francfort, dans les eaux de l'Oder. En 1780, le duc Léopold de Brunswick avait déjà préservé Francfort, par sa vigilance, d'une inondation qui eût rompu les digues et détruit les faubourgs; mais, par une fatale succession de calamités, une inondation semblable revint en 1785; elle occasionna d'affreux dégâts. Le duc Léopold de Brunswick s'élança dans une barque avec deux rameurs pour aller sauver quelques malheureux menacés par l'inondation. Mais le retour fut impossible. Ils luttèrent en vain

1. Jacques Floret a été membre de l'Académie des Sciences et mainteneur de l'Académie des Jeux Floraux.

contre l'impétuosité du fleuve déchaîné, et le peuple eut la
douleur de voir du rivage périr un prince qu'il avait depuis
longtemps appris à aimer et qui, seul parmi tant d'assistants à ce spectacle, n'avait pas hésité à exposer sa vie
pour sauver deux de ses compatriotes. Ce trait de courage
et de dévouement fut, en France et en Allemagne, le sujet
d'une foule de morceaux en prose et en vers consacrés à
honorer la mémoire du prince de Brunswick. Marmontel en
parlait encore à l'Académie française en une ode qu'il lut le
15 mars 1788. Il avait été précédé dans cette exaltation poétique par l'abbé Carré dont le poème excita l'enthousiasme
de ses auditeurs. Carré devint d'ailleurs coutumier de pareils
succès, et l'on cite notamment de lui, parmi les œuvres qu'il
lut au Musée, un poème sur le *Tremblement de terre qui
renversa Messine*, un discours sur l'*Étude*, enfin un discours en vers sur l'*Influence du climat et du génie*. Déjà
couronné par l'Académie des Jeux Floraux, il devait y obtenir, en 1786, l'Amarante d'or pour son ode intitulée le *Muséum français*, reproduite dans ses œuvres imprimées et
consacrée aux grands hommes dont les statues avaient été
érigées au Louvre.

La séance du Musée fut enfin terminée par un poème lyri-
que intitulé *Raymond VI*. Les paroles étaient de M. Castilhon, vice-président du Musée, et la musique de M. Azaïs,
muséen. Voici quel en était le sujet, d'après le programme de
la séance. La scène représentait le peuple de Toulouse rappelant avec joie le comte Raymond dans ses murs, le siège
de cette ville, la mort de Simon de Montfort. Le comte reprend ses Etats, devient le meilleur des souverains, mais
meurt excommunié.

. .

Nous aurions bien voulu donner quelques détails sur les
autres séances du Musée. Mais ni les gazettes du temps, ni
les publications de l'époque, ni même les almanach de Baour
qui ont pu être conservés ne nous renseignent à cet égard.

Tout ce que nous savons, c'est que la Révolution de 1789

ne tarda pas à faire disparaître les Académies provinciales comme celles de la Capitale, et qu'en 1790 le Musée de Toulouse disparut également.

L'idée grandiose de M. Delaistre groupant plusieurs institutions académiques en vue de fournir aux savants le moyen de faire progresser les lettres, les sciences et les arts, et aux gens du monde, hommes et femmes, l'occasion de faire leur éducation littéraire, scientifique et artistique, n'avait reçu qu'une exécution restreinte; mais elle n'en avait pas moins produit des résultats très appréciables, en donnant plus de vie et d'élan au zèle des Académiciens et en leur procurant des auditeurs plus nombreux pour profiter de leurs exemples et de leurs leçons.

IV. — Renseignements complémentaires sur le Musée
de Toulouse.

De nouveaux documents nous ont été révélés qui nous renseignent plus complètement sur la formation, le fonctionnement et les séances publiques du Musée de Toulouse. Nous
ne devions pas négliger de les faire connaître dans l'intérêt
de son histoire. Nous les joignons à ceux que nous avons
déjà rapportés.

*
* *

C'est bien en 1784 que le Musée fut établi sous l'inspiration
de l'archevêque de Toulouse, M<sup>gr</sup> Loménie de Brienne. Il avait
déjà commencé de fonctionner, lorsque M. Delaistre, « inspecteur des travaux publics du Languedoc et ci-devant professeur de génie à l'Ecole militaire de Paris », publia, dans
le *Journal des affiches, annonces*, etc., *de Toulouse* en date
du 16 juin 1784, son « Plan abrégé d'un Musée présenté à la
ville de Toulouse ». Cette publication ayant été l'objet de
diverses critiques, elle fut suivie d'une « Lettre au rédacteur des *Affiches* », qui parut également en supplément dans
le numéro du 7 juillet 1784, et qui était ainsi conçue :

« Monsieur,

« Le projet du Musée que j'ai présenté à la ville de Toulouse demande certains éclaircissements, dans lesquels je
ne puis entrer que de vive voix; il en est d'autres dont je
vais, Monsieur, vous faire part, et que je vous invite d'insé-
rer dans votre feuille.

« Les citoyens ont assez généralement applaudi à l'établissement proposé; mais ils doutent de la facilité de son
exécution; plusieurs même cherchent à le combattre, et
peut être mon projet aura-t-il le sort de tous les projets uti-

les : on mettra tant de temps à délibérer s'il peut avoir lieu, qu'on en sera déjà fatigué quand on commencera à reconnaître qu'il est praticable.

« On a embelli Toulouse de promenades magnifiques, et Toulouse manque d'eau ; la seule fontaine qu'on y voit est ancienne, ridicule, indécente même, et les eaux en sont malsaines.

« On souscrit pour l'exécution de machines aériennes qui emportent les hommes dans des tourbillons inconnus, invention peut-être plus ingénieuse qu'utile, quoiqu'elle ait immortalisé son auteur. Pourquoi ne pas souscrire pour un monument patriotique qui se construira sous nos yeux et qui couvrira de gloire Toulouse, en même temps qu'il fera passer à la postérité les noms de ses meilleurs citoyens? Alexandrie ne dut sa célébrité qu'au Musée qui fut élevé dans ses murs ; c'est de là que sont sortis les grands hommes qui ont orné les fastes de l'Egypte. Le Musée attirait à Alexandrie des citoyens de la terre entière ; elle était devenue la patrie commune de tous les savants.

« Le Musée que je propose d'élever à Toulouse aura sur celui d'Alexandrie l'avantage d'être fondé par des savants et des artistes en tout genre, d'être entretenu par des citoyens, de n'avoir rien à craindre des changements de gouvernement, et de posséder des revenus particuliers qui s'augmenteront, chaque année, par l'amélioration des manufactures ; ces manufactures donneront au commerce de la ville une nouvelle activité et de plus grandes ressources.

« Vous savez ainsi que moi, Monsieur, que pour que le commerce soit utile et favorable à la population, il faut qu'il soit dans le rapport et dans la dépendance des productions du pays, et que la manière la plus avantageuse d'exporter ces productions, c'est de les mettre en œuvre auparavant. Cependant, nous abandonnons aux provinces voisines des richesses que nous pourrions acquérir aisément, si, pour utiliser les matières premières qu'on y recueille, on établissait à Toulouse des manufactures de soieries ; si, pour augmenter cette branche de commerce, on faisait des plantations de mûriers le long de nos chemins brûlants : le pays y trouverait une récolte de plus et le voyageur un adoucissement à ses fatigues.

« Le rez-de-chaussée sous les Académies pourrait contenir cinq cents métiers, qui occuperaient plus de quatre mille personnes; on serait obligé de tirer du Piémont et du Lyonnais au moins six cents ouvriers. Cette émigration augmenterait en un demi-siècle la population de Toulouse de quinze mille âmes, ferait circuler tous les ans dans cette ville un million d'espèces numéraires, et produirait à chaque actionnaire du Musée dix fois plus que l'intérêt de son argent, de manière que si cet établissement patriotique réussit, on achètera dans la suite des actions du Musée comme on achète aujourd'hui les ucheaux du Moulin.

« Ceci, Monsieur, ne sont point des propos vagues : il ne faut que spéculer et suivre dans l'avenir la chaîne des événements pour parvenir à tout ce que j'annonce. On ne doit pas craindre que les manufactures soient réduites à rester dans l'inaction : les mille actionnaires du Musée seront intéressés à ce que leurs familles se fournissent à leurs entrepôts. Toulouse pourra aussi vendre au dehors ses étoffes à meilleur marché qu'aucune autre ville du royaume, parce que toutes les fois que les manufactures sont établies dans les lieux où se recueillent les matières premières, l'exportation s'en fait à peu de frais. Citoyens, étrangers, tous feront leurs approvisionnements aux manufactures du Musée; l'intérêt, le patriotisme, amèneront les acquéreurs, tandis que le génie des sciences et des arts veillera à la perfection des travaux des manufactures. Il faut six années pour la construction totale de cet édifice; ces six années donneront 450,000 livres, qui seront employées à la perfection du bâtiment; il faut de ces 450,000 livres soustraire les sommes destinées à la loterie et aux remboursemens qui se feront dès la première année.

« La conduite des eaux sera le premier objet dont on s'occupera, autant pour satisfaire les besoins de la ville que pour procurer au Musée un revenu annuel de 25 ou 30,000 livres dont il jouira par la vente des eaux de source ou de la

Garonne qu'il distribuera dans toutes les maisons de la ville. On ne demande point d'argent en ce moment aux actionnaires, on prie seulement ceux qui désireront souscrire, si le projet a lieu, de se faire inscrire chez MM. Corail, notaire; Broulhiet, libraire, et chez MM. Cammas et Delaistre, qui donneront tous les éclaircissemens que les actionnaires pourront désirer. Lorsqu'il s'agit d'un établissement patriotique, tous les citoyens doivent se réunir, se communiquer, se concilier, afin de parvenir tous au même but, au bien public; et je vous le répète, Monsieur, cet établissement a l'avantage nécessaire d'augmenter la somme des connaissances, de perfectionner les arts, d'étendre le commerce, de faciliter la population et de rendre Toulouse une des villes les plus florissantes du royaume.

« J'ai l'honneur d'être, etc.          « DELAISTRE. »

Ce nouvel appel était des plus chaleureux. Il ne devait pas être entendu mieux que le premier. Et le projet de M. Delaistre resta sans exécution. On se contenta du Musée tel qu'il avait été établi par Mgr Loménie de Brienne.

Pendant qu'on discutait les propositions de M. Delaistre, un incendie avait éclaté, le 18 juin 1784, dans l'île de Tounis, et réduit à la misère plusieurs familles d'ouvriers. Dès le lendemain, le Musée fut saisi, par l'un de ses membres, le comte Potoski, de la proposition suivante :

« Le Musée est institué, Messieurs, pour encourager les sciences et les arts. L'effet le plus heureux a suivi cette institution : les lectures qu'on a déjà faites dans cette assemblée et les expériences qu'on va y faire en sont la preuve. Mais il serait plus glorieux pour notre établissement et plus satisfaisant pour chacun de ses membres en particulier, si nous pouvions nous flatter de servir d'exemple et d'encouragement à la bienfaisance et à l'humanité. C'est à ces titres que j'ai l'honneur de vous proposer, Messieurs, une contribution volontaire pour les malheureuses victimes de l'incendie d'hier. Ils méritent, à juste titre, votre pitié et votre commisération. »

Cette proposition reçut un accueil unanime des membres du Musée, et le *Journal des Affiches de Toulouse et du Haut-Languedoc*, dans son numéro du 25 juin 1784, se plut à louer l'initiative du comte Potoski, « dont on connaît, ajoutait-il, la sensibilité et la grandeur d'âme ».

Tous les corps constitués et toutes les administrations religieuses s'empressèrent également de venir en aide aux malheureux. Le Parlement vota 1,000 livres, l'administration municipale 1,200 livres. La loge de l'Amitié fit un don de 200 livres et les autres loges, alors nombreuses à Toulouse, se montrèrent également généreuses. Le curé de la Dalbade, dont dépendait l'île de Tounis, fit une quête générale qui compléta les souscriptions volontaires.

.·.

Peu après, le Musée était appelé à tenir sa première séance publique dans la salle du Concert. C'était le samedi 17 juillet 1784. Les assistants furent très nombreux. Beaucoup de dames y vinrent en grande toilette. L'ordonnance de cette fête satisfit pleinement le public.

La séance commença par une *Symphonie* de la composition d'un amateur toulousain très réputé, le chevalier de Chalvet-Goujouse, chevalier de Malte, qui dirigea lui-même l'orchestre.

M. Jean Castilhon, président, lut « un discours sur les principaux objets que se proposait le Musée et sur le désir qu'avait cette Société naissante de plaire à tous les citoyens ». Elle ne se bornera pas, dit-il, à la culture des beaux-arts; elle « embrassera une carrière plus vaste et des projets plus patriotiques, tels que ceux d'enrichir les sciences de découvertes utiles; de remonter aux sources de la langueur du commerce de Toulouse et de chercher les moyens de lui rendre une activité qu'elle paraît avoir eue autrefois; de

prescrire à l'industrie un goût plus sévère; de hâter les
progrès de l'agriculture, qui, dans une province aussi fertile
que le Languedoc, doit être la source la plus abondante de
ses richesses ». Jean Castilhon ajouta que, malgré les
conquêtes nombreuses que la philosophie avait faites depuis
quelque temps sur les préjugés, tous n'étaient pas encore
détruits et que de nouveaux abus étaient nés de la réforme
des anciens. Il signala quelques-uns de ces abus et émit
l'espoir que les enseignements du Musée contribueraient à
les faire disparaître.

Le président au Parlement Daguin, vice-président du
Musée, donna lecture d'un discours de l'abbé Saint-Jean,
prébendier de la cathédrale, qui montrait l'insuffisance des
Sociétés académiques séparées pour le progrès des sciences
et des arts et qui préconisait les avantages de la nouvelle
institution du Musée groupant les savants, les gens de lettres
et les artistes en une Société unique.

L'abbé d'Auffréry donna lecture de vers composés par
M. Jean Castilhon et intitulés : *Adieux à Paris*. Ces vers,
déjà lus à la séance publique des Jeux Floraux, y avaient
obtenu un grand succès. Ils furent de nouveau très applaudis.

Un intermède musical suivit. Mme Guigue, première actrice
des théâtres, et M. Alan, basse-taille, firent entendre deux
ariettes, intitulées l'une *les Femmes* et l'autre *le Secret*.

Puis, la lecture des ouvrages littéraires fut reprise.

M. Lavedan, secrétaire du Musée, lut le premier chant de
son poème sur les Arts, consacré à la *Peinture*. « Ce chant,
comparé aux poèmes sur le même sujet de MM. Watelet et
Lemerre, a paru, dit le reporter du *Journal des Affiches*[1],
quelquefois supérieur à celui de M. Watelet quant au mérite poétique, et à celui de M. Lemerre pour la connaissance
de l'Art. »

A cette lecture succéda celle de M. Reboul, avocat au
Parlement. C'était un précis historique du genre burlesque,

1. Journal du 21 juillet 1784, no 20, p. 118.

qu'il considéra chez les Grecs, qu'il suivit chez les Romains, et, enfin, chez les Modernes. Ce morceau, écrit avec esprit et prononcé avec entrain, fut très applaudi.

L'abbé Carré, professeur d'éloquence au Collège royal, lut un morceau de poésie sur la *Réunion des Arts* et sur les avantages que présentait le Musée à cet égard. Il y ramena l'éloge de l'archevêque Loménie de Brienne, fondateur du Musée, et obtint un grand succès.

La séance fut terminée par une cantate, mise en musique par M. Le Blanc, muséen. L'exécution en fut très bonne et fit d'autant mieux valoir son mérite. L'orchestre était composé d'une cinquantaine d'exécutants, parmi lesquels trente-cinq au moins étaient muséens et appartenaient à la haute société toulousaine.

Le *Journal des Affiches* constate que cette première séance publique du Musée ne laissa rien à désirer pour « la variété des objets, le nombre, la beauté, la parure des dames, les beaux morceaux de musique exécutés par les muséens mêmes ». Il ajoute qu'on fut d'accord pour reconnaître que « le Musée de Paris n'avait pas de séances plus brillantes ».

.˙.

A la mort de Court de Gébelin, le 10 mai 1784, le Toulousain Cailhava était devenu définitivement président du Musée de Paris, et il avait proposé aux Musées de Toulouse et de Bordeaux de former une association qui s'étendrait à toute la France. Cette proposition paraît avoir été bien accueillie à Toulouse, car on trouve dans le *Journal des Affiches* du 8 septembre 1784[1] les vers suivants qui furent adressés à Cailhava pour le féliciter de son projet :

> Oui, la prévention, marâtre injuste et vaine,
> Du dieu des Arts déserte enfin le cours.
>     Quelle main unit en ce jour
> Les Muses de province et celles de la Seine?

1. N° 36, p. 148.

Entreprise sublime ! accord vivifiant,
Qui de la France littéraire
Va féconder le Nord, le Midi, le Couchant !
Paris, centre du goût, n'en est plus la frontière...
Province, si longtemps condamnée à te taire,
L'anathème est levé... rends grâce à CAILHAVA ;
Des talents dispersés rassemblant la lumière,
Sa main écarte la barrière
Qu'entre Athène et Lesbos l'amour-propre éleva.
Favori de Thalie et père du Musée,
C'est à la renommée à vanter tes succès :
Reçois dans ce nouveau Lycée
Le prix qu'il doit à tes bienfaits ;
Des lieux qu'honore ta naissance,
Des cœurs que charme ta présence
Partage les transports affectueux et vrais.
Qu'elle est douce la jouissance
Quand l'estime et l'amour composent ses attraits !

Malgré cette approbation, il ne paraît pas que le Musée de Toulouse se soit jamais inféodé à celui de Paris. Il faut, sans doute, l'attribuer à l'insuccès de Cailhava, dont l'œuvre ne tarda pas à péricliter, et, finalement, à disparaître.

.·.

Le Musée de Toulouse, au contraire, ne fit que prospérer, et son succès s'accusa lors de la seconde séance publique qu'il tint le 26 janvier 1785 dans la salle de Concert. La séance commença vers les cinq heures du soir. On y put voir non seulement l'archevêque de Toulouse, Loménie de Brienne, mais encore les six évêques qu'il y avait invités. Tout contribua à la rendre très brillante : le nombre et le mérite des assistants, la toilette des dames qui rivalisaient d'élégance, la valeur des ouvrages qui furent lus, le choix des morceaux de musique qui furent exécutés.

Après une « symphonie à grand orchestre », dont la composition et l'exécution furent également applaudis, M. Jean Castilhon, président du Musée, fit le résumé des travaux des Muséens depuis la dernière assemblée publique. Il insista sur la nécessité pour les savants, les écrivains et les artistes, de travailler à perfectionner leur goût.

L'abbé Taverne lut ensuite une ode sur le commerce et termina par un compliment en vers à l'archevêque de Toulouse, Loménie de Brienne, dont il vanta les mérites et les bienfaits aux applaudissements unanimes de l'assemblée.

La paraphrase en vers du psaume 1, par l'abbé Treneule, fut également très goûtée.

Le P. Azerat, de l'ordre de la Merci, donna lecture d'une dissertation de l'abbé Racine, professeur d'éloquence au Collège royal, établissant l'érection de la capitale des Volces Tectosages en colonie romaine et prouvant que Toulouse avait été fondée par cette colonie. L'entreprise était difficile. Elle fut accueillie avec faveur.

Le dernier ouvrage qui fut lu émanait de l'abbé Carré, également professeur d'éloquence au Collège royal. Il était intitulé : *Hommage à Toulouse.*

La séance fut clôturée par un *oratorio* sur la naissance du Dauphin et quelques morceaux détachés exécutés sur le violon par M. Maréchal.

.·.

Les fondateurs du Musée avaient annoncé, dans leur programme, qu'ils se proposaient de réunir en un faisceau les lettres, les arts et les sciences, et d'en faire un ensemble dont aucune Académie n'avait encore donné l'idée. Ce programme se réalisa tout particulièrement dans la troisième séance publique qui eut lieu le 6 juillet 1785. On y vit l'éloquence, la poésie, la peinture, la chimie et la musique contribuer à faire de cette solennité une fête aussi instructive qu'agréable.

Elle commença, comme à l'ordinaire, par une *symphonie*, de la composition de M. de Chalvet-Goujouse.

Après cet excellent morceau de musique, l'abbé d'Auffréry, secrétaire de l'Académie royale de peinture, sculpture et architecture de Toulouse, et président du Musée, prononça un discours dans lequel il prouva, par des faits et par des raisons, que le génie fécondé par l'émulation pouvait, sans le secours de la naissance, de la fortune et de la protection, prétendre aux succès les plus éclatants.

Ce discours fut suivi de la lecture d'un conte intitulé : *Les Trois Plaisants,* par M. Carrière de Brimont. Le sujet était tiré d'une anecdote de la vie de Piron.

Malliot, professeur à l'Académie royale de peinture, sculpture et architecture de Toulouse, lut un chapitre de son *Histoire de l'Art à Toulouse.* Il y parlait, notamment, de Raimond Lafage, « aussi singulier dans sa vie privée que sublime dans l'art du dessin », et intéressa vivement l'assemblée.

L'abbé Treneule lut une ode, tirée du cantique de Moïse après le passage de la mer Rouge. Lefranc de Pompignan avait traité ce même sujet et l'abbé Treneule ne parut pas indigne de se mesurer avec lui.

Les lectures furent interrompues par une ariette de M. Azaïs, muséen, sur des paroles de l'abbé Treneule. Elle satisfit également les partisans de la musique française et les partisans de la musique italienne.

Le succès du jour fut pour un poème de l'abbé Carré, sur les désastres de Messine, qui venait d'être éprouvée par un tremblement de terre. Il y retraçait en termes saisissants l'épisode de la marquise de Sparada, engloutie vivante dans une crevasse qui s'était formée sous ses pieds et tenant en ses bras son fils qu'elle venait d'arracher aux flammes. Il terminait par quelques vers sur la catastrophe également récente du célèbre et infortuné Pilâtre du Rosier.

L'émotion douloureuse qu'avaient produite ces tableaux sombres et saisissants fut adoucie par la lecture d'un ouvrage en vers, intitulé *Un Rêve.* M. de Lavedan, secrétaire du Musée, montrait Cupidon ayant quitté Cythère pour se fixer en France, où il régnait sur quelques bergers, de façon à faire oublier tous les souvenirs de l'antiquité. Cette poésie, à la façon de Florian, était trop dans le goût du jour pour ne pas être applaudie.

A ces poésies succéda un Mémoire de M. Reboul, avocat, sur la décomposition et la recomposition de l'eau, d'après le système de Lavoisier. Ce Mémoire fut appuyé de quelques démonstrations tendant à prouver que l'air vital était la base des acides. Comme les expériences qui l'accompagnaient, il obtint le plus grand succès.

Pour terminer la séance, on fit entendre une « cantate à grand chœur », dont les paroles étaient de M. Blanchard et la musique de M. Blanc, tous deux muséens.

La séance avait duré près de trois heures, et bien des personnes l'avaient trouvée trop courte, disent les journaux du temps.

.·.

Le 22 avril 1786, le Musée de Toulouse rendit compte au public, pour la quatrième fois, dans la salle du Concert, de ses travaux et de ses progrès dans les sciences, les lettres et les arts.

C'est encore M. de Chalvet-Goujouse qui fit entendre une « symphonie » de sa composition au début de la séance.

Puis, l'abbé d'Auffréry, chevalier profès de l'ordre de Malte, secrétaire de l'Académie des Arts et président du Musée, lut un discours sur les avantages que présente l'union des gens de lettres, les savants et les artistes, pris en particulier ou réunis ensemble, pour faire les délices de la société et contribuer au bonheur du genre humain.

M. Calais, médecin, professeur de physique au Collège royal, commença la lecture d'une étude sur la pompe à air de Bianchi; mais il ne put la continuer à cause de la faiblesse de sa voix.

Le chevalier de Saint-Salvy ramena la gaieté dans l'auditoire en chantant une « ariette » de sa composition. Elle fut suivie d'une « symphonie concertante », composée et exécutée par MM. Manent frères.

Puis vinrent des discours de M. Floret, avocat, correspondant de l'Académie des Sciences de Toulouse, sur *l'état*

*de l'homme de lettres*, et de M. Gez, avocat au Parlement
de Toulouse, sur *l'Éloquence*.

L'abbé Carré lut un poëme sur *l'Étude*, auquel succédèrent une seconde ariette, chantée par le chevalier de
Saint-Salvy, et un duo, chanté par l'abbé Prat et par le chevalier de Saint-Salvy, qui l'avait composé.

M. de Rességuier, avocat général au Parlement, donna
lecture d'un extrait du discours de M. le chevalier de l'Es-
pinasse *sur les Femmes*. Tout en justifiant le goût des
femmes pour la toilette, ce discours avait pour objet de montrer que les hommes avaient tort de ne leur laisser que l'art
de plaire. Leur affectation de ne compter pour rien les
femmes dans leurs sociétés politiques mettait les hommes
dans une condition plus défavorable qu'avantageuse à leurs
prétentions.

M. Janole prêta son organe à M. de Lavedan, de l'Académie des arts et secrétaire du Musée, pour la lecture
d'un *Voyage*, en vers et en prose, *dans les montagnes de
la Bigorre*.

A la suite de ces lectures, on exécuta une cantate en
l'honneur de Buffon, envoyée par le Musée de Paris. La musique était de Désaugiers père et les paroles de Désaugiers
fils. Elle fut trouvée digne du glorieux savant à qui elle
était adressée.

M. Marin l'aîné termina la séance par quelques morceaux
de harpe de sa composition auquel il ajouta un morceau de
violon. Tous les assistants s'accordèrent à trouver que son
talent pouvait rivaliser avec celui des plus habiles exécutants de l'Italie.

.˙.

Nous avons déjà rendu compte de l'assemblée publique
du samedi 29 juillet 1786, et nous n'avons rien à y ajouter.

Celle qui suivit fut tenue le 4 mai 1787, le lendemain du
jour où l'Académie des Jeux Floraux venait de distribuer
ses fleurs. Elle n'en excita pas moins l'empressement du
public.

Après une « symphonie » de la composition de M. le chevalier de Chalvet-Goujouse, le discours d'ouverture fut prononcé par M. de Puymaurin, syndic général de la province, membre de l'Académie des Sciences et président du Musée, qui montra les muséens s'efforçant de mériter les éloges de leurs compatriotes et qui les complimenta des résultats qu'ils avaient obtenus. Il fit ensuite une courte analyse de leurs principaux travaux.

L'abbé Saint-Jean succéda à M. de Puymaurin et disserta savamment sur l'utilité des assemblées publiques des Sociétés littéraires.

M. de Lavedan, continuant la lecture de son poème sur les Arts, parla cette fois de *l'Architecture*.

La musique se fit de nouveau entendre. Puis, la parole fut donnée à M. Gez, avocat, membre de l'Académie des Sciences, pour lire un discours sur la *Vieillesse*.

L'ouvrage de M. Floret, membre de l'Académie de Marseille et de l'Académie des Sciences de Toulouse, intitulé *Voyage aux planètes*, obtint le plus grand succès. Il était, en effet, rempli de pensées ingénieuses et de mots spirituels.

L'abbé Treneule lut une idylle morale ayant pour titre : *Le Chêne frappé de la foudre*.

A ces lectures succédèrent une ariette et un duo de la composition de M. Azaïs, muséen.

Puis, on recommença les lectures par une idylle intitulée *Le Seigneur bienfaisant* et qui était un hommage rendu à Gesner.

On lut un fragment de poème, où M. Leméle, membre du Musée de Bordeaux et correspondant du Musée de Toulouse, célébrait le *Rétablissement du commerce maritime à l'époque de la fondation de Venise*.

La séance fut terminée par plusieurs morceaux de musique, dont une ouverture par M. Labat de Serène, correspondant du Musée, et quelques airs exécutés par M. Boyé, sur la guitare et sur l'harmonica.

Depuis longtemps, un parti politique nombreux poussait aux affaires l'archevêque de Toulouse, Loménie de Brienne. Son esprit, sa conversation facile et brillante, son goût pour les lettres et les sciences, ses manières nobles et généreuses, ses liaisons avec des amis prompts à l'exalter, avaient donné à ce prélat une grande notoriété. On le citait comme un évêque administrateur, sorte de mérite dont on commençait à faire plus de cas que des vertus purement religieuses. On vantait l'ordre qu'il avait établi dans son diocèse et la faveur qu'il y avait acquise. Lui-même ne négligeait aucune occasion de se faire valoir. L'assemblée des Notables qui se réunit le 12 février 1787 lui fournit l'occasion de satisfaire son ambition politique. Il y siégeait dans le bureau de Monsieur et fut des plus ardents à critiquer l'administration du ministre de Calonne. Elle se soldait, en effet, par 100 millions de déficit selon les uns, par 200 suivant les autres. Les ennemis de de Calonne finirent par l'emporter. Louis XVI l'exila en Lorraine et le remplaça par son adversaire le plus déclaré, Loménie de Brienne, qui fut nommé ministre d'État, chef du Conseil des finances, tandis que son frère, le comte de Brienne, fut fait ministre de la guerre.

C'était au commencement de mai 1787. Dès que la nouvelle en parvint à Toulouse, elle fut accueillie avec des transports d'allégresse. Le 10 mai, l'Académie des Sciences fut la première à adresser ses félicitations au nouveau ministre d'État; puis, le lendemain, ce fut le tour de l'Académie des Jeux Floraux, du Conseil de ville de Toulouse et du Chapitre métropolitain, sous la signature de l'abbé d'Aldéguier, chanoine archidiacre[1]. Il dut en être de même du Musée; mais nous n'avons aucun renseignement à cet égard.

A partir de ce moment, le Musée semble n'avoir eu qu'une existence précaire. Rien n'indique s'il tint d'autres

1. *Journal des Affiches*, etc., supplément du n° 20 du 16 mai 1787.

séances publiques. Nous ignorons même s'il continua à se réunir en séances privées. On dirait que le départ de Toulouse de l'archevêque Loménie de Brienne avait paralysé son fonctionnement en le privant de son fondateur.

Il en fut, dans tous les cas, ainsi lorsque ce prélat voulut reprendre la réforme judiciaire vainement tentée par le chancelier Maupeou et enlever aux Parlements les procès civils de moins de 20,000 livres pour les confier à quarante-sept « grands bailliages ». Loménie de Brienne finit par devenir si impopulaire qu'il dut quitter le ministère le 24 août 1788 pour céder la place à Necker. Son discrédit personnel dut s'étendre jusqu'aux diverses institutions provinciales qu'il avait établies, et, en particulier, jusqu'au Musée de Toulouse, car, à partir de ce moment, il n'en est plus question nulle part.

# LE LYCÉE

La Révolution de 1789 ne respecta pas longtemps les anciennes institutions de la Monarchie. Après avoir supprimé toutes les organisations politiques, administratives et judiciaires, elle se préoccupa de transformer les divers modes d'enseignement. Puis elle s'en prit aux Académies et autres Sociétés littéraires ou scientifiques.

Dans les débuts, les nouveaux gouvernants n'eurent pas de mauvais sentiments contre les Sociétés savantes. C'est ainsi qu'à Toulouse les Officiers municipaux, élus conformément à la loi municipale du 14 décembre 1789 et entrés en fonction le 28 février 1790, se firent honneur de continuer les relations qu'avaient eues les Capitouls avec les Académies et s'efforcèrent d'en maintenir les traditions.

Après s'être concertés sur le cérémonial à suivre, les Officiers municipaux firent, le 15 avril 1790, une visite officielle à l'Académie des Sciences. Ils se rendirent au lieu de ses assemblées, en l'ancien hôtel de la Sénéchaussée, occupant l'emplacement actuel de la chapelle de l'ancienne résidence des Jésuites, rue des Fleurs, et rue de Furgole. Ils s'étaient fait accompagner par la troupe du guet et précéder des trompettes, tambours et clarinettes de la ville. Ils furent reçus à la porte de l'hôtel de l'Académie par deux Acadé-

miciens à ce délégués; quatre autres Commissaires les atten
ndaient dans la seconde cour; puis ils arrivèrent à la salle
des séances publiques, où ils prirent place sur des sièges
égaux à ceux des Académiciens et se placèrent à la suite
sans aucun intervalle. L'officier commandant le guet restait
à portée de la voix des Officiers municipaux, afin de rece·
voir au besoin leurs ordres; le bedeau de l'Hôtel de ville
se plaça derrière le maire, M. de Rigaud. L'abbé Roger
Martin, président de l'Académie, ouvrit la séance publique
par un discours très applaudi. Puis, MM. Picot de Lapeyrouse, l'abbé Saint-Romain et Floret prirent successivement
la parole[1].

Les choses ne se passèrent pas d'une façon aussi courtoise
pour l'Académie des Jeux Floraux. Suivant l'habitude, au
début du mois d'avril 1790, elle avait envoyé son bedeau
à l'Hôtel de ville pour retirer le mandement de 1,400 francs
sur le trésorier de la ville, exigible en vertu de l'arrêt du
Conseil du 14 décembre 1671, des lettres patentes de 1694
et de l'édit de 1773. Cette somme de 1,400 francs était destinée à fournir à la dépense des prix annuels jusqu'à
concurrence de 1,100 francs et aux besoins particuliers de
l'Académie pour les 300 francs restants. L'abbé Magi, dispensateur, s'adressa à l'officier municipal chargé des
finances, Chauliac, ancien capitoul, qui promit d'en parler
au bureau de la municipalité. La réponse tardant à venir,
l'Académie chargea deux de ses membres, MM. Poitevin-
Peytavi et Jean Castilhon, l'un comme dispensateur et
l'autre comme secrétaire perpétuel, de s'adresser directement au bureau de la municipalité pour lui demander le
payement de la somme qui lui était due.

Lorsque MM. Poitevin-Peytavi et Jean Castilhon se présentèrent à l'Hôtel de ville, ils trouvèrent les Officiers
municipaux assemblés dans la salle du Petit Consistoire.
Ceux-ci se levèrent pour les recevoir, et, après les politesses
d'usage, le Maire fit asseoir MM. Poitevin-Peytavi et Jean

---

1. Voir le procès-verbal de cette visite aux Archives municipales.

Castilhon à sa droite. M. Poitevin-Peytavi exposa l'objet de sa démarche et demanda que la somme de 1,400 francs fût payée le plus tôt possible à l'Académie des Jeux Floraux, le jour de la distribution des prix étant prochain.

M. Gary, l'un des officiers municipaux, avocat au Parlement et ancien capitoul, répondit que le Bureau s'était déjà occupé de cette affaire, qu'il était tout disposé à donner satisfaction à l'Académie, mais que celle-ci n'ignorait point les changements qui s'étaient opérés dans l'administration de la Ville. Le corps des Capitouls était un corps subordonné; la nouvelle municipalité, au contraire, a la préséance sur tous les autres corps. Le cérémonial établi entre les Capitouls et l'Académie ne peut donc continuer avec la nouvelle municipalité; l'Académie l'a compris, et, pour les assemblées privées, elle a fermé par une table le fer à cheval autour duquel se rangeaient les Académiciens. Les Officiers de l'Académie occupant l'un des bouts de ce carré long et les Officiers municipaux occupant l'autre, on ne distingue point si c'est le directeur de l'Académie ou le premier officier municipal qui préside. Par là, les droits et les prétentions des uns et des autres sont sauvegardés. Un pareil arrangement pourrait se faire pour les séances publiques. Ce n'est pas tout. Les Capitouls-bayles allant avec les Commissaires de l'Académie chercher les fleurs déposées sur l'autel de l'église de la Daurade, la droite était donnée aux Académiciens; cette droite serait cédée aux officiers municipaux, puisqu'ils doivent toujours être en tête des cortèges publics.

M. Poitevin-Peytavi répondit à M. Gary qu'il n'avait aucune qualité pour traiter cette question et qu'il avait été délégué avec M. Castilhon simplement pour réclamer au Bureau l'expédition du mandement de la somme due à l'Académie.

M. Gary répliqua que cette expédition dépendrait de la réponse qui serait faite par l'Académie, et que les Officiers municipaux tenaient absolument à ce que le cérémonial des Capitouls fût changé.

M. Poitevin-Peylavi déclara de nouveau que ce n'était pas en cette forme que les vœux de la municipalité devaient être portés à l'Académie et qu'il ne se présentait au nom de l'Académie que pour faire valoir sa créance légitime. Il ajouta que l'Académie se contenterait des droits que sa constitution lui donnait et qu'elle verrait avec plaisir les Officiers municipaux venir prendre les places accoutumées dans le Corps des Jeux Floraux. S'ils se refusaient à répondre à l'invitation qui leur serait faite, cela n'empêcherait pas l'Académie de célébrer sa fête annuelle et de distribuer ses prix avec la pompe et la solennité habituelles.

Sur quoi, M. Poitevin-Peylavi se leva et se retira avec M. Castilhon, en saluant les Officiers municipaux qui leur rendirent leur salut.

Dans la séance suivante (29 avril 1790), l'Académie approuva la conduite de ses mandataires et délibéra de prendre les voies de droit contre les Officiers municipaux pour parvenir au payement de la somme qui leur était due par la Ville. En conséquence, elle saisit de sa demande le Parlement, qui rendit une ordonnance conforme à ses prétentions.

Cependant, le premier mai était arrivé. L'Académie avait fait préparer la salle des Illustres comme d'habitude. A son arrivée dans la salle des assemblées ordinaires, elle fit prévenir par son bedeau les Officiers municipaux que la séance allait commencer; mais aucun d'eux ne se présenta et la séance se tint sans incident.

A l'issue de la séance, l'Académie se réunit en comité privé dans la salle des assemblées ordinaires, et l'un des commissaires dit que, conformément à ce qu'il avait annoncé la veille, l'ordonnance rendue par le Parlement avait été signifiée aux Officiers municipaux avec commandement d'y obéir, et qu'il s'agissait de pourvoir à la séance du 3 mai, laquelle « était une fête publique pour la ville de Toulouse » et qui « attiroit par l'éclat et la solennité de la distribution des prix une foule toujours immense », qu'il « falloit dès lors une garde assez forte pour prévenir toute irruption tumultueuse »,

qu'il « en falloit une autre dans l'intérieur de la salle pour
garder les places destinées aux Académiciens, aux bailes
des Jeux, aux membres des Académies », enfin qu'il « falloit
un garde pour accompagner les commissaires de l'Académie,
lorsqu'ils allaient prendre les fleurs d'or et d'argent déposées
sur l'autel de l'église de la Daurade ». Ce commissaire
ajouta « que dans les temps de calme et lorsque l'ordre général était encore établi, on auroit pu négliger ces précautions
et compter, pour la tranquillité de la séance, sur l'intérêt
qu'inspire l'amour des Lettres naturel aux habitants de cette
grande ville; mais qu'on ne peut pas avoir la même confiance
dans un temps de trouble et d'anarchie, où les citoyens de
tout état ont été obligés de se mettre sous les armes pour la
sûreté de leurs foyers et de leurs personnes, surtout après
l'exemple récent d'une assemblée de citoyens légalement et
paisiblement formée dans une des salles de l'Académie des
Sciences et qui avait été troublée à main armée par une
irruption de trente ou quarante jeunes gens ». Il termina en
disant que « tout citoyen qui craint d'être troublé dans l'exercice de ses droits est autorisé, par les décrets de l'Assemblée
nationale, à demander main-forte à la municipalité qui, dès
lors, devient responsable des événements », et qu'il en est
ainsi, à plus forte raison, pour l'Académie qui est spécialement « autorisée à requérir cette main-forte pour (assurer)
la tranquillité, l'ordre et la décence de ses paisibles exercices ». En conséquence, la Commission proposa à l'Académie
de faire une sommation judiciaire aux Officiers municipaux
pour obtenir satisfaction, et l'Académie approuva cette proposition. La sommation fut aussitôt signifiée, et les Officiers
municipaux répondirent le 2 mai, à midi, que la main-forte
réclamée par l'Académie lui serait accordée.

La séance solennelle du 3 mai pour la distribution des prix
se tint comme à l'ordinaire, mais sans la présence des Officiers municipaux, quoiqu'ils y eussent été invités conformément aux usages établis.

Un nouveau conflit se produisit à la fin de l'année 1790.
Pendant les vacances, la clé de la salle des assemblées ordi-

naires de l'Académie avait été confiée au président du Directoire du département, M. Romiguières, qui l'avait fait demander au secrétaire perpétuel, M. Castilhon, en ce moment
remplacé par l'un des censeurs, M. Floret. A la rentrée de
l'Académie, M. Castilhon fit réclamer cette clé aux membres
du Directoire. Ceux-ci répondirent qu'ils l'avaient remise
aux Officiers municipaux, lesquels refusèrent de la rendre à
l'Académie, prétendant qu'ils avaient la libre disposition
de la salle réclamée, et déclarèrent que, s'ils en donnaient
la clé, « ce ne serait qu'à titre de prêt » et à la condition
que « l'Académie consentiroit à être présidée par les Officiers
municipaux dans toutes les séances tant publiques que particulières ».

Ces conditions avaient été déjà repoussées par l'Académie.
Elle insista vainement pour qu'il fût fait droit à sa réclamation. Le moment de juger le concours de l'année 1791
étant arrivé, elle ne put procéder à ce jugement et décida
que le concours resterait ouvert jusqu'au moment où les
circonstances lui permettraient de toucher les fonds qui lui
étaient nécessaires pour la distribution de ses prix. Cette
décision fut prise dans la séance qui fut tenue le 16 avril 1791,
chez M. Lavedan, modérateur, et cette séance fut la dernière
qui fut tenue par l'Académie des Jeux Floraux pendant la
période révolutionnaire.

Quant à l'Académie des Sciences, elle devait prolonger ses séances quelque temps encore ; mais elle avait
cessé de se recruter depuis l'année précédente (1790), si l'on
en juge par l'état de ses membres dressé par le docteur
Armieux[1].

L'Académie des Arts (ancienne Académie royale de peinture, sculpture et architecture) était restée florissante malgré
les troubles du temps. Elle comptait de nombreux élèves
dans ses écoles de dessin, lorsqu'on fit courir le bruit, en
novembre 1790, qu'elle allait être dissoute. Une députation
de l'Académie se présenta au Conseil général du département,

1. *Mémoires de l'Académie des Sciences*, année 1876.

le 25 de ce mois, pour réclamer sa protection. Elle y fut gracieusement accueillie. Une Commission fut instituée avec le mandat de constater les progrès des élèves des Écoles de l'Académie et, à la suite de son rapport très favorable, une subvention de 5,000 livres fut votée.

La création d'une Société d'agriculture avait été proposée, le 10 novembre 1790, par Pelleport, et le principe en avait été admis par le Conseil général du département dont il faisait partie. Mais ce projet ne put se réaliser en ce moment. Il fut repris le 16 prairial an II (4 juin 1794), par les ordres du représentant du peuple Dartigoeyte, en mission dans le département de la Haute-Garonne, et sous le patronage du Club des Jacobins, soucieux de combattre les pratiques routinières, ces « Tyrans de la Nature ». Dartigoeyte se conformait aux décrets de la Convention. A la chute définitive des Girondins (16 germinal an II, 5 avril 1794), Robespierre s'était trouvé maître tout à la fois du parti révolutionnaire et du parti des modérés. Le nouveau Gouvernement avait fait preuve d'une activité singulière pour pourvoir à toutes les difficultés de la situation. Tandis qu'il rendait des règlements multipliés en matière politique et militaire, il s'était occupé de réformer l'agriculture, de changer la législation du fermage pour diviser l'exploitation des terres, d'introduire de nouveaux assolements, de favoriser l'établissement des prairies artificielles et l'élevage des bestiaux ; il avait décrété l'institution de jardins botaniques, dans tous les chefs-lieux de département, pour acclimater les plantes exotiques, former des pépinières d'arbres et d'arbustes de toute espèce et ouvrir des cours d'agriculture à l'usage et à la portée de tous les cultivateurs. Mais les circonstances n'étaient guère favorables à de pareilles organisations, et la Société d'Agriculture de Toulouse ne put se constituer définitivement que sous le Directoire, en vertu d'un arrêté qui porte la date du 8 thermidor an VI (26 juillet 1798).

Pendant ce temps, l'institution des anciennes Académies ne put se maintenir. Le 25 décembre 1792 était intervenu un décret dont l'article 3 suspendait « dans toutes les Académies de France tout remplacement et toutes nominations ». Moins d'un an après, un autre décret, en date du 8 août 1793, supprimait toutes les Académies et Sociétés littéraires « patentées ou dotées par la Nation » ; et, le 6 thermidor an II (24 juillet 1794), leurs biens furent incorporés à la République et leurs dettes déclarées nationales.

En même temps que les Académies et les Sociétés savantes, la Convention avait fait disparaître tous les organes de l'instruction publique, supérieure ou secondaire, classique ou artistique, par un décret du 15 septembre 1793, qui avait prononcé la suppression des Collèges et des Facultés. Quoiqu'elle se fût plusieurs fois préoccupée des diverses questions concernant l'enseignement, elle hésita à mettre en pratique le nouveau régime auquel elle paraissait attachée. Le Conseil général du département dut y pourvoir en vertu du décret du 22 décembre 1789[1] qui l'avait chargé de la surveillance de l'éducation publique et de l'enseignement politique et moral. Par arrêté en date du 24 frimaire an II (14 décembre 1793), il établit un enseignement provisoire à Toulouse, et, cinq jours après, le 29 frimaire an II (19 décembre 1793), le représentant du peuple Paganel organisait un « Directoire de Surveillance des Etudes provisoire. » Le 22 nivôse suivant (11 janvier 1794), Paganel prenait un nouvel arrêté qui, sur la liste des sujets proposés par l'Administration, nommait les professeurs auxquels étaient confiés les divers enseignements ; et le quintidi de la première décade de pluviôse an II (20 janvier 1794) avait lieu l'ouverture solennelle des cours « en l'église des ci-devant Pénitents bleus » (aujourd'hui Saint-Jérôme), choisie par l'Administration du département « comme le local le plus commode pour procéder à l'installation des professeurs chargés de l'enseignement public gratuit provisoire ». Les invitations à cette cérémonie comprirent « les Représentants du Peuple, la Société Populaire, les Corps administratifs et

1. Section III, art. 2, 3°.

judiciaires, les Etats-majors, les Directeurs des deux Théâtres et les Citoyens Artistes de leurs spectacles ». Le point
de ralliement avait été indiqué à la Commune, c'est-à-dire
au Capitole. Le cortège en sortit, accompagné d'un détache-
ment de la Garde nationale et de la Garde soldée, « ayant
à sa tête une musique militaire jouant les airs favoris des
vrais Républicains Montagnards ». La séance s'ouvrit par
la lecture des arrêtés qui avaient été rendus pour organiser
l'Enseignement public provisoire et pour nommer les Professeurs. Un discours fut prononcé par le citoyen Bellecour,
un des deux professeurs des Droits de l'Homme, qui prit
pour thème : « la nécessité de l'éducation pour consolider la
régénération des mœurs, et, par suite, la stabilité de la
République ». Puis, les Professeurs nommés, après avoir
reconnu l'unité et l'indivisibilité de la République, jurèrent
de remplir avec fidélité et exactitude les fonctions qui leur
étaient attribuées. Enfin, le citoyen Carré, professeur d'éloquence, prononça un discours en vers, « où il faisait voir,
avec tout le charme de la poésie et l'énergie du sentiment,
les avantages d'une éducation morale pour former la République ».

Parmi les membres du Directoire de Surveillance des
Etudes provisoire se trouvait Jean Castilhon. Il lut à ses collègues un Mémoire « tendant à prouver la nécessité d'établir à Toulouse, de préférence à Bordeaux et à Montpellier,
un des Lycées qui devaient être décrétés pour l'Instruction
publique ». Ce Mémoire obtint l'approbation unanime du
Directoire de Surveillance des Etudes provisoire, et l'Administration du Département (de la Haute-Garonne) « pénétrée
de la nécessité qu'il y avait d'indemniser Toulouse des
pertes qu'elle avait éprouvées par la Révolution, en établissant dans son sein l'un des grands enseignements de la
République... arrêta, le 21 ventôse an III (11 mars 1795),
que « le susdit Mémoire serait imprimé au nombre de deux
cents exemplaires et qu'il en serait incessamment envoyé
une certaine quantité au Comité d'Instruction publique (de
la Convention nationale), à la Députation de la Haute-

Garonne et autres Citoyens, afin d'obtenir pour la Commune
de Toulouse l'établissement dont s'agit ».

Tel fut « l'Institut provisoire » auquel le représentant du
peuple Paganel a attaché son nom. Toutes les branches de
l'instruction y avaient été représentées, conformément aux
conceptions nouvelles, formulées dans le fameux rapport de
Condorcet sur l'organisation générale de l'enseignement, lu
à l'Assemblée législative les 20 et 21 avril 1792 au nom
du Comité de l'Instruction publique.

Toulouse devint ainsi le siège d'un Institut provincial
qu'on appela l'INSTITUT ou LYCÉE DU SUD-OUEST [1]. Mais,
comme il n'existait pas de local assez grand pour y réunir tous les cours, on fut obligé de les distribuer dans
divers établissements. C'est ainsi que l'enseignement du
droit public et constitutionnel se fit à l'ancien Collège
royal, devenu Collège national (aujourd'hui le Lycée),
ainsi que l'enseignement de l'arithmétique, de l'algèbre,
de la géométrie, de la physique, de la chimie, des belles-lettres, de l'histoire et de la géographie. A la « ci-
devant Académie des Sciences », furent professés l'astronomie, la botanique, les sciences médicales et chirurgicales,
tandis que l'art vétérinaire était enseigné à la tour de la
rue du Rempart, vers l'angle de la rue de ce nom et du bou-
levard Carnot actuel. Enfin, à la « ci-devant Académie de
peinture, sculpture et architecture », ancien hôtel du Petit-
Versailles, rue Villeneuve, aujourd'hui rue Lafayette, se
continua l'enseignement de tout ce qui concernait le dessin, la peinture, la sculpture, l'architecture, la stéréoto-
mie, et l'on y ajouta les démonstrations pratiques du Muséum [2].

Ce Muséum avait été une des conceptions de Jean Castillon. En effet, dès 1791, Castillon avait publié un Mémoire pour demander « la réouverture des bibliothèques

1. *Archives parlementaires*, 1re série, t. XLII.
2. Cf. *L'Enseignement supérieur* à Toulouse de 1793 à 1810, par
Louis Vié, *in* BULLETIN DE L'UNIVERSITÉ DE TOULOUSE, fascicule
nº 19, septembre 1906.

nationales en général et de la bibliothèque du ci-devant Collège royal de Toulouse en particulier. » Il y proposait également la formation d'un « Musée », destiné à conserver toutes les richesses artistiques provenant des églises et des couvents de la région toulousaine qui avaient été fermés. En cela, il se conformait à la motion faite à l'Assemblée nationale par son ancien collègue du « Musée de Toulouse », Barrère de Vieusac, rapporteur du décret du 26 mai 1791, qui ordonnait que le Louvre recevrait « le dépôt des monuments de la Science et des Arts ». Mais ce ne fut qu'après le 10 août 1792, le sac des Tuileries et l'abandon des résidences royales, des palais, des hôtels et des églises ayant mis en dispersion un grand nombre de tableaux et d'objets d'art, que l'Assemblée législative ordonna leur réintégration et chargea le ministère Roland de la formation d'un *Muséum national*. Une commission fut nommée à cet égard, et, le 8 février 1793, Barrère présenta, au nom du Comité d'Instruction publique et de la Commission des Monuments, un projet de décret concernant les arts, les artistes, et la formation d'un *Muséum national*, rassemblant dans plusieurs dépôts les chefs-d'œuvre de sculpture et de peinture, la bibliographie, etc. Ce projet de décret fut adopté dans la séance du 27 juillet suivant, et le Ministre de l'Intérieur fut invité à donner les ordres nécessaires pour que le *Muséum de la République* fût ouvert le 10 août dans la galerie qui joint le Louvre au Palais national. Mais l'inauguration définitive n'eut lieu que le 10 novembre.

Pendant que cet établissement se poursuivait à Paris, un projet semblable s'élaborait à Toulouse. Le 30 décembre 1792, le peintre François Bertrand avait repris l'idée de Castillon et proposé à l'Académie des Arts, dont il faisait partie, la création d'un Musée. Cette proposition obtint l'assentiment général de ses collègues. Une Commission fut chargée d'aller la présenter au District. Elle se composait des artistes suivants : Pierre Lucas aîné, sculpteur; Jean-Paul Lucas cadet, son frère, peintre; Malliot, peintre et antiquisant; Suau, peintre; Vigan, sculpteur, et l'auteur de la proposition, François Bertrand. Dans le cas où cette proposition recevrait un accueil favorable, les organisateurs du Muséum avaient pour mission de rechercher toutes les peintures, sculptures, médailles et autres objets d'art dignes d'être collectionnés.

Malgré les troubles du temps occasionnés par l'exécution de Louis XVI, la lutte acharnée des Girondins et des Jacobins, les excitations des clubs, les emprisonnements politiques et les condamnations capitales, la Commission nommée par l'Académie des Arts s'empressa de faire les démarches nécessaires auprès des diverses administrations compé· tentes. Sur l'avis favorable du Corps de Ville, le Conseil départemental arrêta le 22 frimaire an II (12 décembre 1793), c'est-à-dire quelques jours seulement après l'inauguration du Muséum de la République à Paris, « qu'il serait fait un choix de tous les monuments publics transportables; que les gravures, dessins, tableaux, bas-reliefs, statues, vases, médailles, antiquités, cartes géographiques, plans, reliefs, modèles, machines, instruments, et, généralement, tous autres objets intéressant les arts, l'histoire et l'instruction, dont la Nation avait le droit de disposer, seraient recueillis, et que toutes ces productions du génie rassemblés formeraient une galerie qui prendrait le titre de MUSÉUM DU MIDI DE LA RÉPUBLIQUE. »

L'église des Cordeliers fut désignée par le même arrêté pour servir de dépôt général à ces diverses collections. Mais l'éloignement de cet édifice et son isolement engagèrent l'autorité supérieure à rapporter cette partie de l'arrêté. Il fut décidé le 5 germinal an II (23 mars 1794) qu'on lui substituerait l'église des Grands-Augustins, plus centrale et d'accès plus commode. Ce ne fut que le 10 fructidor an III (27 août 1795) qu'eut lieu l'ouverture solennelle du MUSÉUM PROVISOIRE.

Jean-Paul Lucas avait été nommé « démonstrateur » de cet établissement dès le 19 nivôse an II (8 janvier 1794), et avait réussi à recueillir plus de deux cents tableaux, dont beaucoup n'étaient pas sans mérite, quoi qu'en ait dit d'Aldéguier, en son *Histoire de Toulouse*[1]. Le peintre Duromme en devint « conservateur », tandis que le peintre Jean Briant, d'origine bordelaise, fut nommé « inspecteur ».

Les événements du 9 et du 10 thermidor an II (27 et 28 juillet 1794) amenèrent une détente politique qui fut également favorable aux sciences et aux lettres. Le naturaliste Picot de Lapeyrouse fut chargé d'aller solliciter à Paris que le Cabinet d'histoire naturelle et le Jardin des plantes fussent établis dans l'ancien couvent des Carmes-Déchaussés, les bâtiments et le jardin de la Sénéchaussée où ils avaient été d'abord placés étant devenus très insuffisants. Cette translation, d'une utilité urgente, trouva de redoutables opposants dans les soumissionnaires de l'ancien couvent. Mais elle fut heureusement secondée par l'Administration qu'avaient nommée les représentants en mission Bouillerot et Malarmé, et qui était composée de citoyens fort honorables: Dehoué père, avocat; Pons-Devier, de Muret; Gary, fils aîné; Clausolles, père; Durand, négociant à Saint-Gaudens; Tatareau, avocat à Saint-Gaudens; Deville, négociant à Villefranche-Lauraguais, et Olivier aîné.

.·.

Pendant tous ces temps si troublés, aucune Société académique n'avait pu se maintenir à Toulouse et nulle ne s'était formée pour remplacer les anciennes. Mais il en avait été autrement à Paris. Le *Lycée*, qui avait succédé au *Musée* le 8 février 1786, n'avait pas cessé de continuer ses conférences et avait eu même des rivaux.

On sait que les conférences du Lycée avaient été inaugurées sous la présidence de Flesselles, et qu'elles avaient eu le plus grand succès grâce aux nouveaux conférenciers qui

---

1. T. IV, pp. 535 et 52 des notes (note 8).

avaient été choisis. Ces conférenciers étaient Garat, qui avait été chargé d'enseigner l'histoire proprement dite, et La Harpe, qui devait faire un cours d'histoire littéraire. Ils représentaient l'esprit nouveau qui animait les intelligences, ce qui ajouta à leur succès. Garat devait continuer ses leçons jusqu'à l'Empire, non sans quelque interruption, et La Harpe exécuter son histoire raisonnée des productions de l'esprit et de l'imagination depuis Homère jusqu'à son temps.

Quant à la partie scientifique, Condorcet en précisait ainsi le programme dans son premier discours d'inauguration, en décembre 1786 : « Calculs par les logarithmes ; théorie des machines simples et application de cette théorie ; problèmes sur la construction des vaisseaux ; méthode pour calculer les différentes forces motrices employées dans la construction des machines, » etc. Il en expliquait le but : « C'était de prémunir les gens du monde contre le charlatanisme des faux savants et les mères contre le dédain de leurs fils. » Mais il déclarait qu'on n'y donnerait que des connaissances superficielles et que les développements philosophiques remplaceraient les preuves, car, disait-il, « des connaissances superficielles très répandues diminuent le prestige des imposteurs qui spéculent sur l'ignorance ». C'était évidemment se tromper : la demi-science n'a jamais produit de tels résultats ; et il a été obligé lui-même de confesser qu'il s'adressait à un auditoire incapable de profiter des leçons scientifiques qu'il se proposait de faire. C'est pourquoi, dans un second discours, il annonça que le Lycée allait désormais insister davantage sur les conséquences des principes, expliquer la folie des joueurs qui poursuivent une martingale, combattre l'abus des rentes viagères, préconiser les placements en vue de la vieillesse ou de la famille du déposant. Tous ces conseils étaient excellents ; mais les esprits étaient surtout tournés à la critique et à l'opposition. Condorcet lui-même donnait l'exemple en attaquant le Parlement, dès son premier discours d'ouverture du Lycée. En combattant les erreurs de Montesquieu sur la monarchie, La Harpe en sapait les fondements ; et, en retraçant l'histoire des républiques anciennes, Garat « façonnait déjà les âmes françaises à l'énergie républicaine[1] ».

Les débuts de la Révolution n'avaient pas nui au Lycée, dont les professeurs avaient préparé l'avènement et dont les nouveaux cours consacraient le succès. Mais il ne tarda pas à souffrir de la perturbation générale. Les recettes avaient fini par ne plus couvrir que les frais et les conférenciers de 1791 n'avaient pu toucher d'honoraires. Ce fut pis encore l'année suivante. Une rivalité redoutable lui fut suscitée par la fondation du *Lycée des Arts*, qui eut lieu en juin-août 1792 sous les auspices de la « Société philomatique[2] » et qui s'ouvrit solennellement quelque temps après la fin de l'Assemblée législative, sous la présidence de Fourcroy.

Cet établissement était magnifiquement installé dans le cirque qui existait alors dans le jardin du Palais-Royal devenu le Palais-Egalité. Il comprenait, entre autres pièces, un salon pouvant contenir trois mille personnes, une jolie salle pour concerts, bals, spectacles, une bibliothèque et un cabinet littéraire, quatre salles pour les cours et pour les écoles primaires, une salle pour un « dépôt des arts », un vaux-hall et un salon pour les assemblées du soir, des emplacements pour bains, café, restaurant.

Tout était gratuit dans le Lycée des Arts. Les directeurs comme les professeurs n'étaient point payés. Il avait sollicité de l'Etat des subventions qui lui avaient été accordées et avec lesquelles il publiait un *Journal des Arts* et récompensait les inventeurs par des mentions, des médailles, des couronnes décernées dans des séances solennelles.

Tandis que l'ancien Lycée était surtout littéraire, le nouveau était exclusivement scientifique et artistique[3]. C'est ce qui explique qu'il ait pu traverser facilement les épreuves

1. Paroles de Boissy d'Anglas à la Convention, le 18 brumaire an III (8 novembre 1794). (*Moniteur* du 21 brumaire an III).
2. Voir sur cette Société un article de M. Berthelot dans le *Journal des Savants* d'août 1888.
3. Voir pour son organisation détaillée l'*Annuaire du Lycée des Arts* pour l'an III.

de la Terreur. Son enseignement technique devait inspirer
peu d'ombrage : quelque nom qu'elle porte, la tyrannie se
défie toujours moins des savants et des artistes que des
lettrés. Les administrateurs du Lycée eurent beau l'épurer
en renvoyant soixante-douze membres (sur cent), parmi lesquels Lavoisier, et en les remplaçant par des « patriotes », 
donner à leur établissement le titre de *Lycée républicain* et
déclarer, à la reprise des cours de l'année 1793-94, que ses
conférenciers professeraient désormais en bonnet rouge.
Cette régénération ne leur procura ni des subsides ni la
tranquillité. La Harpe fut incarcéré. Les recettes tombèrent
bien au-dessous des dépenses. Mais le Lycée républicain ne
ferma pas ses portes, contrairement à ce que l'ont cru Pei-
gnot et Thiers[1]. Et il prit sa revanche après thermidor, dès
que La Harpe fut délivré de la prison du Luxembourg.

Ce fut à la séance solennelle du 1er décembre 1796 que
La Harpe fit sa rentrée.

Gautherot, chargé d'un cours d'arts et métiers, prononça
le discours d'ouverture.

Après lui parla Dumoustier, connu par ses *Lettres à
Emilie sur la Mythologie*, auteur de petits vers légers et de
quelques comédies pleines de traits d'esprit et de jolies
finesses de style. Il professait au Lycée la morale. Il avait
choisi pour sujet de son discours *les Femmes*. C'était un
sujet délicat à traiter. Il s'en tira fort habilement, en ne
parlant pas de leurs devoirs, mais de la manière dont elles
devaient embellir et développer leurs vertus. Ce fut un véritable succès de galanterie, mais aussi de bonne morale. Son
discours fut fort applaudi.

Le discours de La Harpe dura une heure et demie sans
lasser ses auditeurs. Il fit un tableau historique du progrès
des Lettres depuis le Bas-Empire jusqu'à la Révolution française comprise. Ce tableau ne frappa pas seulement par sa
peinture : il se fit remarquer aussi par la véhémence de
l'action due au souvenir de ses malheurs.

1. *Histoire de la Révolution française*, t. VII, p. 48.

La Harpe continua de rester républicain; mais ses cours furent surtout consacrés à la critique acerbe des Terroristes, et ils furent d'autant plus suivis. Ce ne fut qu'au cours de l'année 1707 qu'il se mit à attaquer la philosophie du dix-huitième siècle tout entière et qu'il embrassa dans une haine commune tous les partis qui, depuis 1789, avaient dirigé la France.

Dès son inauguration, en juin-août 1792, le Lycée des Arts s'était fait remarquer par son utilité pratique. Tandis que le Lycée républicain était surtout littéraire et y ajoutait de la politique pour ou contre les personnes et les choses du jour, suivant les fluctuations des partis, le Lycée des Arts s'était appliqué à faire connaître les inventions utiles, telles que la machine à fabriquer les canons que venait d'inventer un ancien facteur de pianos, Jean Dillon, les procédés nouveaux pour faire du salpêtre, l'exploitation des mines, l'élevage des vers à soie, les machines à moissonner ou à fabriquer les rubans, les moyens de conjurer la famine en réservant toute la farine pour l'alimentation, etc. On peut suivre, jour par jour, dans les numéros de la *Décade* et dans le *Moniteur* toutes les inventions qui ont été propagées par le Lycée des Arts. A la fin de 1794, les rapports qui y avaient été faits s'élevaient à cent cinquante, et ils étaient signés des noms des savants les plus réputés, tels que Lavoisier, Fourcroy, Lalande, Vicq d'Azir, etc. En janvier 1797, le Lycée des Arts avait récompensé cinq cent quatre-vingts inventions ou perfectionnements utiles. Les cours qui y étaient professés concernaient l'agronomie, la mécanique, la perspective, le calcul appliqué au commerce et aux banques, la physique végétale, la chimie appliquée aux arts, l'harmonie théorique et pratique, le contrepoint, la composition, enfin la technologie, c'est-à-dire tout ce qui concernait les manufactures. A tous ces cours, le Lycée des Arts ajoutait des encouragements, notamment à la vertu. Enfin, il avait ses concerts et ses fêtes : nos pères de la fin du dix-huitième siècle, sous la Monarchie comme sous la République, estimaient que les fêtes étaient un moyen précieux de sociabilité et d'éducation, ainsi que l'a fait observer Michelet[1].

Pour subvenir à tant de dépenses (en l'an IV elles s'élevaient à 500,000 francs par an), les cotisations des membres du Lycée des Arts finirent par être insuffisantes. On commença par faire payer l'entrée aux cours et aux séances. Puis, on eut recours aux libéralités de la Convention qui accorda, sur la demande de Lakanal, au nom du Comité de l'Instruction publique, une subvention de 60,000 livres le 1er vendémiaire an III (22 septembre 1794). Cet établissement passait pour mal faire ses affaires lorsque le 16 frimaire an VII (6 décembre 1798) un incendie consuma entièrement le cirque où il était établi. Il essaya de se reconstituer, mais pour disparaître peu après sans laisser des souvenirs durables, malgré son désintéressement et ses services, tandis que le Lycée républicain devait prolonger son existence de longues années encore et occuper vivement l'opinion par ses cours publics qui ont préparé la clientèle des cours de la Sorbonne et du Collège de France, fort peu suivis en général au dix-septième et au dix-huitième siècles.

.·.

Cependant, beaucoup de Toulousains regrettaient de n'avoir plus de Sociétés académiques pour satisfaire leurs goûts pour les lettres, les sciences et les arts. Il en fut surtout ainsi après la suppression des clubs, qui avaient surexcité les esprits au point d'être exclusivement absorbés par les passions politiques. La tranquillité commençant à renaître, plusieurs songèrent à se grouper en une institution calquée sur l'ancien établissement du Musée. Malgré l'insuccès de cet essai, ils préféraient une Association réunissant tous les éléments de connaissances humaines plutôt que de rétablir les anciennes Compagnies académiques, rappelant les corporations de la Monarchie et procédant isolément à l'étude des diverses

1. En son livre intitulé : *Nos Fils*.

branches de la Science. Conformément à ce qui s'était passé à Paris, ils donnèrent à cette nouvelle institution le nom de LYCÉE.

Les initiateurs du Lycée de Toulouse furent les principaux membres de l'ancien Musée fondé sous les inspirations et les auspices de Mᵍʳ Loménie de Brienne. Ils convoquèrent leurs adhérents à l'Hôtel de ville, et se réunirent, au nombre de cinquante, dans le salon octogone, le 30 frimaire an VI (20 décembre 1797)[1]. L'un d'eux, prenant la parole, dit : « Les orages de la Révolution qui a régénéré la France ont dû nécessairement frapper de stupeur les arts, les sciences et les lettres. Cette longue tourmente est maintenant calmée; et les Muses, rassurées à la voix d'un héros qui les aime et d'un gouvernement protecteur, commencent à remonter leurs lyres pour célébrer le retour de la paix. Nous sommes réunis, Citoyens, pour mettre en commun nos lumières et notre espérance, pour rallumer le feu sacré dont les dernières étincelles semblent près de s'éteindre. Nous voulons relever dans ces murs le Temple des Arts qui firent jadis notre gloire. Nous avons le noble projet d'inspirer à la génération qui s'avance l'émulation des arts, ces uniques consolateurs de la vie, ces précepteurs adorables du genre humain. »

Ce discours fut salué par les applaudissements des assistants, qui décidèrent de procéder immédiatement à la constitution du Lycée et formèrent un bureau provisoire dont le vieux bibliothécaire et ancien muséen, Jean Castilhon, fut nommé par acclamation président d'âge. Il s'adjoignit pour secrétaires les citoyens Lacoste, Aubegès et Gaspard Lafont. Et l'on procéda aussitôt, par voie de scrutin, à la composition définitive du bureau. Pin, directeur du canal du Midi, fut élu président, et Jean Castilhon, vice-président. Les deux secrétaires furent Aubegès, chef du bureau de l'ins-

1. Les procès-verbaux des séances du *Lycée de Toulouse* ont été conservés. Ils forment un volume de 250 pages, papier in-f° allongé. On peut le voir aux Archives de l'Hôtel de ville de Toulouse, dites du Donjon.

truction publique près la municipalité de Toulouse, et Gaspard Lafont. Pin déclina la présidence par le motif que les soins de ses fonctions l'obligeaient à s'absenter prochainement, et Castilhon prit le fauteuil à sa place.

Les cinquante fondateurs du Lycée furent déclarés être les suivants, par ordre alphabétique :

Aubegès ;

Bellecour ;

Belou ;

Benet, professeur, ancien officier municipal, élu en novembre 1791, réélu en octobre 1792, maintenu par le représentant du peuple Dartigoeyte le 26 ventôse an II (16 mars 1794), démissionnaire en germinal an II (avril 1794), après l'exécution des Dantonistes ;

Etienne Bru ;

Brun ;

Lambert Cammas, peintre et architecte ;

Carré, ancien professeur du Collège royal, qui devait fournir une longue carrière dans l'Université ;

Carrère ;

Castex ;

Cazaux, commissaire du Directoire exécutif près le Département ;

Crouzet ;

Louis Castilhon, frère de Jean ;

Dardenne, rédacteur de l'*Anti-Royaliste;*

Dast ;

Delbrel ;

Desacy, membre du jury d'instruction près de l'Ecole centrale de Toulouse, frère de Desacy, membre de la Convention ;

Desbarreaux, comédien, qui a joué un rôle très actif pendant toute la période révolutionnaire ; élu administrateur municipal le 15 brumaire an IV (5 novembre 1794), il était devenu président de l'administration municipale le 11 germinal an V (31 mars 1797), et conserva ces fonctions jusqu'au 1er floréal an VI (20 avril 1798) ; le nom de Desbarreaux n'était qu'un nom de théâtre, il s'appelait Pellet et était originaire de Maubec, en Dauphiné;

Destrem, commissaire du Directoire près la municipalité, peu après élu député aux Cinq-Cents;

Doublé;

Duffey;

Gleyses, ancien juge de paix;

Gratian, homme de loi;

Hynard, auteur d'un éloge en vers du général Hoche;

Lacoste, de Plaisance;

Lacoste, du Département;

Lacroix;

Lafont, médecin;

Lafont (Gaspard), qui devait se rendre célèbre par son roman de *Nérine* et être appelé « Lafont-Nérine »;

Lucas aîné, sculpteur;

Lucas cadet, peintre;

Malliot, peintre et antiquisant;

Maynard, professeur d'éloquence latine;

Montels;

Oléac;

Pague, lauréat de l'Académie des Jeux Floraux;

Pin, ancien élève de l'Académie des Arts, devenu directeur du Canal du Midi;

Pié, membre du jury d'instruction criminelle, qui se plaisait à rimer;

Honoré Robert, libraire;

Saint-Jean, ancien prébendier de Saint-Etienne et prieur de Roqueserrière, professeur à l'Ecole centrale;

Saint-Amans, fils du savant numismate de ce nom;

Saint-Romain;

Saurine, peintre;

Suau, peintre;

Tajan cadet, avocat disert et poète facile;

Taverne cadet, émule de Tajan pour la poésie;

Jacques Vaysse, négociant, administrateur municipal en germinal an V (avril 1707) et qui devait devenir président de l'Administration municipale du 1er floréal an VI (20 avril 1708) au 1er floréal an VII (19 avril 1799);

Viçose aîné;

Viçose cadet;

Vigan, sculpteur.

Après s'être ainsi constituée, l'Assemblée décida que le nombre des membres du Lycée serait porté à soixante-dix, sans y comprendre les associés correspondants, dont le nombre était illimité.

Le Bureau fut chargé d'élaborer un projet de règlement pour la prochaine séance, de concert avec les citoyens Desbarreaux, Lacoste et Saint-Jean. Ce règlement fut, en effet, présenté à la séance du 10 nivôse an VI (30 décembre 1797) et définitivement arrêté à la séance du 25 de ce mois (14 janvier 1798)[1].

D'après ce règlement, le Lycée fut divisé en quatre classes : la première avait pour objet les *Sciences*, et se composait de vingt membres; la seconde concernait les *Belles Lettres*, et se composait aussi de vingt membres; la troisième devait s'occuper des *Arts*, et se composait de quinze membres; enfin la quatrième avait dans son lot l'*Agriculture* et le *Commerce*, et se composait également de quinze membres.

Les assemblées particulières, d'abord mises au terme de chaque mois, furent fixées à chaque décadi, sans convocation expresse[2]. Il devait y avoir, en outre, deux assemblées générales par an « tenues le 10 du mois nivôse (fin décembre) et le 10 du mois messidor (fin juin) ». Il pouvait enfin y avoir des assemblées extraordinaires, publiques ou privées, suivant les circonstances imprévues, avec l'autorisation du Bureau.

Il était pourvu aux dépenses du Lycée par un « don de réception fixé à la somme individuelle de 3 livres », et par une « coécation de 1 franc par mois ».

1. Registre des Procès-verbaux des séances, pp. 3 et suiv.
2. Séance du 20 pluviôse an VI (8 février 1798). Registre des Procès-verbaux, p. 13.

Le Lycée donnait une place particulière, dans les séances publiques, aux élèves des Ecoles nationales du département qui avaient remporté des prix ou s'étaient distingués pendant le cours de leurs études. Les élèves jouissaient de cette distinction pendant tout le cours de leurs études et devaient être âgés de quatorze ans au moins.

Les dames qui cultivaient les Lettres ou les Arts pouvaient être admises au rang d'associées; mais elles n'assistaient qu'aux assemblées publiques, et étaient invitées à y contribuer par leur talent.

Les assemblées publiques devaient être remplies par la lecture des ouvrages des associés et des correspondants, des analyses et des rapports des ouvrages envoyés, trop considérables pour être lus en entier. Ces lectures étaient entremêlées de divers morceaux de musique, et souvent aussi d'expériences nouvelles de physique et de chimie. Les séances se terminaient soit par un hymne, soit par un oratorio, soit par un concert à grand chœur.

Les deux séances suivantes du 2 et du 5 pluviôse an VI (21 et 24 janvier 1798) furent consacrées à compléter le nombre des anciens résidents pour chaque classe[1]. On nomma

*Pour les Sciences :*

Adancour;
Frisac fils;
Levis;
Pailhès;
Romieu;
et l'ex-père carme, Hyacinthe Sermet, qui refusa.

*Pour les Lettres :*

Gaude.

*Pour les Arts :*

Bertrand, peintre;
Causse, organiste;

1. Registre des Procès-verbaux des séances, pp. 10 et 11.

Deromme, peintre;
Robert, musicien;
Virebent, architecte;
et Artaud, graveur.

*Pour l'Agriculture et le Commerce :*

Audouy, cultivateur;
Boyer-Fonfrède, fabricant;
Duffé, négociant;
Marie aîné, négociant;
Murel, arboriste;
et Saint-Michel, ancien officier municipal en 1793, élu administrateur municipal le 9 germinal an V.

Les statuts du Lycée ayant été ainsi établis et la liste des membres fondateurs ainsi arrêtée, la nouvelle institution fit à l'Administration municipale la déclaration exigée par les lois, et demanda à l'Administration centrale de lui accorder la grande salle des Ecoles de peinture pour y tenir ses séances particulières, ce qui lui fut accordé[1].

A la séance du 30 pluviôse an VI (18 février 1708), on se préoccupa de désigner les associés étrangers[2]. Il y fut procédé d'abord par chaque classe; puis, en assemblée générale. Les noms suivants furent adoptés :

Andrieux, le célèbre poète de Paris;

Arnal, ancien élève et lauréat de l'Académie de peinture de Toulouse, architecte, à Madrid;

Baour-Lormian, qui s'était fixé à Paris et devait devenir membre de l'Académie française;

Benet, de Perpignan;

Bertholet, déjà célèbre par ses travaux sur la chimie, à Paris;

Boilleau, commissaire des guerres, qui se livrait à la poésie

1. Séance du 20 pluviôse an VI (8 février 1708). Registre des Procès-verbaux des séances, p. 13.
2. Registre des Procès-verbaux des séances, pp. 14 et suiv.

et devait devenir député de la Restauration sous le nom de marquis de La Caze;

Buonaparte, dont les succès militaires avaient enflammé tous les esprits, et furent souvent célébrés par les membres du Lycée;

Brisson, à Paris;

Cailhava, le poète-académicien, originaire de Gragnague, près Toulouse, en ce moment à Paris;

Colin d'Harleville, poète dramatique, à Paris;

Carrière, professeur de langues;

Castex, sculpteur, à Paris;

Chaptal, ancien professeur de chimie au Collège royal de Toulouse, où ses cours publics avaient attiré beaucoup de monde, en ce moment à Montpellier;

David, le célèbre peintre de la Révolution, à Paris;

Dudevant, à Bordeaux;

Dalayrac, originaire de Muret, compositeur de musique, à Paris;

De Lasteyrie (Charles), à Paris;

Duffaut, à Lardenne, près Toulouse;

Dupin, ingénieur, à Perpignan;

Dreuilhe, à Paris;

Fontana, à Florence;

Fourcroy, à Paris;

Troy, commissaire des guerres;

Gamelin, ancien élève de l'Académie des Arts à Toulouse, peintre, à Paris;

Garat, homme de lettres, à Paris;

Gossec fils, musicien à Toulouse et poète à ses loisirs;

Gotley, inspecteur, à Paris;

Haüy, à Paris;

Hérouard, à Saint-Girons;

Houdon, sculpteur, à Paris

Jullien, sculpteur, à Paris;

Labeaumelle, à Saint-Girons;

Lacroix, à Paris;

Lagrange, à Paris;

Lagrenée aîné, peintre, à Paris, ancien élève de l'Ecole académique de Toulouse;

Lange, sculpteur, élève de l'Académie des Arts de Toulouse, en ce moment à Rome;

Lalande, à Paris;

Laplace, à Paris;

Laromiguière, le philosophe, qui avait quitté Toulouse pour Paris, en 1795;

Laxan, à Saint-Martin;

Lebrun, poète, à Paris, connu sous le nom de Lebrun-Pindare;

Legouvé, littérateur, à Paris;

Legendre, mathématicien, à Paris;

Libes, à Paris;

Magi, l'ancien abbé, littérateur et mainteneur de l'Académie des Jeux Floraux, à Grenade;

Roger-Martin, l'ancien abbé, professeur au Collège des Jésuites de Toulouse, à Paris;

Méhul, compositeur de musique, à Paris;

Monge, professeur de chimie, à Paris;

Monlon, littérateur, à Toulouse;

Pajou, sculpteur, à Paris;

Parmentier, l'agronome, à Paris;

Parny, poète, à Paris;

Pavée, à Montpellier;

Pech, à Paris;

Pelleport père;

Pérès, de la Haute-Garonne, à Paris;

Ramond, le révélateur des Pyrénées, alors à Tarbes, puis à Barèges, enfin à Bagnères-de-Bigorre;

Renaud, peintre, à Paris;

Roques, à Donneville;

Saint-André, à Grenade;

Tamm, de Hambourg, à Toulouse;

Taverne, à Montastruc;

Tournon, médecin, à Bordeaux;

Valenciennes, ancien élève de l'Académie des Arts de

Toulouse, peintre à Paris, où il devait devenir le chef des
paysagistes français;

Vien, originaire de Montpellier, peintre, à Paris;

Vidal, astronome, à Mirepoix;

Villars, homme de lettres, à Paris;

Vincent, peintre, à Paris.

Deux dames furent d'abord désignées comme associées :
Julie Crabère, à Rieux, et Constance Pipelet, à Paris. Plus
tard, on y joignit la comtesse de Beaufort-d'Hautpoul, Madame Bourdic-Viot, à Paris, Madame Sophie Fontès, à Tou-
louse[1], Madame d'Esparbès (la comtesse de Lussan-d'Esparbès), maître ès jeux floraux, et plusieurs autres telles que
Mademoiselle Delonchamps, Madame Boutet et Mademoiselle
Pauline Mascart[2]. Deux de ces dames devaient se faire particulièrement remarquer dans les séances du Lycée : la comtesse de Beaufort-d'Hautpoul, qu'on appelait « la citoyenne
d'Hautpoul, ci-devant Beaufort », et Madame Julie Crabère.

Les travaux ordinaires du Lycée ont été ainsi précisés par
un de ses présidents, Auguste Jamme, dans le style fleuri
particulier à son temps[3] :

« Les diverses classes qui composent le Lycée, quoique
occupées d'objets différents, sont animées du même esprit,
tendent au même but et se réunissent pour l'utilité publique
et la gloire de la patrie.

« Tandis que les uns cueillent les fleurs de la belle littérature et associent la lyre de Pindare au luth d'Anacréon,
d'autres, prenant d'une main hardie le pinceau d'Apelle et
le ciseau de Phidias, animent la toile et le marbre, et l'ouvrage qui sort de leurs mains est une espèce de création
nouvelle qui brave la mort et fait survivre l'homme à lui-
même.

« D'autres enfin sont profondément occupés à poursuivre

1. Séance du 30 floréal an VI (19 mai 1798). Registre des Procès-verbaux des séances, p. 25.
2. Écol. lib., p. 110.
3. Discours lu dans la séance publique du 30 germinal an IX
(20 avril 1801).

les phénomènes des cieux, à saisir les secrets de la nature,
à fixer les vérités éparses sur les débris de l'antiquité et à
mettre en lumière les monuments élevés à la gloire des
hommes célèbres.

« Tous ambitionnent également l'estime de leurs concitoyens : *Is. labor omnibus unus.* »

\* \*

Le Lycée tint sa première séance publique le 10 floréal
an VI[1] (29 avril 1798), dans la salle du Concert. « Le
hasard, d'accord avec les circonstances, semblait en avoir
déterminé le jour, ainsi qu'on le fit observer, et le faire coïn-
cider avec cette époque où Toulouse célébrait les fêtes
d'Izaure, où son Académie, la plus ancienne de l'Europe,
distribuait les prix aux talens. » Six cents billets imprimés
et timbrés avaient été distribués. L'Administration centrale
et l'Administration municipale avaient été invitées et se rendirent exactement à la séance. Le fauteuil de la présidence
fut occupé par Jean Castilhon, auquel le grand âge et la voix
très affaiblie ne permirent pas de lire en entier le « discours
d'ouverture ». Ce discours débutait par faire l'éloge du gouvernement républicain qui « exige des vertus plus sévères,
des mœurs plus épurées que tout autre gouvernement », et
il ajouta : « Tels sont les principes sur lesquels le Lycée a
fondé son établissement, et c'est vers ce but qu'il dirigera
ses travaux... Mais, quelque grand que soit en lui-même son
projet d'étendre les connaissances humaines, le Lycée ne
l'envisage que comme un moyen de régénérer les mœurs
publiques et privées... Puisse cette société naissante rendre
à cette commune les mœurs douces et l'éclat littéraire dont
elle n'a cessé de jouir depuis les derniers siècles de la République romaine. »

Ce discours fut suivi d'un morceau de chant avec orchestre,
musique de Sacchini, chanté par le citoyen Duc, amateur,

1. Registre des Procès-verbaux des séances, pp. 20 et suiv.

le citoyen Baour, associé correspondant, et le citoyen Montels, associé résident.

Puis, la parole fut donnée à l'ex-abbé Saint-Jean, qui lut un « discours en vers » sur le *Lycée de Toulouse*, dont il était membre résident. Ancien prébendier de la cathédrale Saint-Etienne et prieur de Roqueserrière, il avait fait partie du Musée, et il était devenu mainteneur de l'Académie des Jeux Floraux après avoir été deux fois son lauréat. La Révolution l'avait ruiné. Il n'en avait pas moins applaudi à son avènement et vanté son « influence sur l'histoire de la nation française » en un discours qu'il « lut au Temple de la Raison le 20 germinal, l'an IIᵉ de la République française une et indivisible ». Devenu professeur d'histoire du « ci-devant Collège royal », appelé successivement Collège national, Lycée provisoire et Ecole centrale du département, c'était un discoureur infatigable, malgré la cécité dont il était menacé et dont il se plaignait dans son discours de réception à l'Académie des Jeux Floraux le 11 mars 1787. Il ne devait terminer sa carrière qu'à l'âge de quatre-vingt-deux ans, le 12 mai 1828, en publiant un *Nouveau manuel ecclésiastique*. Malgré cette vie accidentée, il n'avait jamais cessé de faire apprécier sa parole. Elle fut particulièrement goûtée lorsqu'il fit l'éloge du Lycée de Toulouse en vers de huit syllabes procédant de la poésie légère de Voltaire, si fort en vogue au dix-huitième siècle. Il y développait la même idée que Jean Castilhon dans son discours d'ouverture :

> Les Artistes et les Savans,
> Les Orateurs et les Poètes
> Vont réunir tous leurs talens
> Pour mieux agrandir leurs conquêtes.
> Je les vois de communs efforts,
> S'animer, s'entr'aider sans cesse,
> Se communiquer leurs trésors
> Sans rien perdre de leur richesse.

On entendit en cette même séance « les extraits d'un poème intitulé *Hommage à Bonaparte* par le citoyen Pié, associé

résidant. Pié était un ancien doctrinaire et, après avoir été
pendant vingt-cinq ans avocat au Parlement avant la Révolution, il était devenu membre du jury d'instruction criminelle. Un poète, habitant Saint-Papoul, Mailhol, lui avait
adressé, en 1784, des vers où il le traitait de

Esprit profond, savant aimable.

Son poème fut très apprécié par ses auditeurs; mais il ne
fut pas inséré au *Recueil des ouvrages lus dans cette séance
publique*, parce que « l'auteur, voulant donner à son ouvrage
l'étendue qu'exigeait son sujet, avait décidé ne point l'imprimer encore ». Nous ignorons s'il le fut jamais.

Puis vint un *Essai poétique sur Clémence Isaure*, par
la citoyenne Julie Crabère, de Rieux, associée correspondante.
Les Lycéens se félicitaient d'avoir imité l'Académie des Jeux
Floraux en l'admettant au milieu d'eux, car ils avaient ainsi
« donné aux Dreuillet, aux Catelan, aux Montégut et aux
d'Esparbès une rivale de leurs talents et de leurs grâces ».

Julie de Thomas, dame Crabère, etait née à Rieux, arrondissement de Muret, le 3 avril 1767. Douée d'un esprit
aimable et facile, de beaucoup de grâce joint à une véritable
beauté, elle s'était livrée, dès son plus jeune âge, à la culture
des lettres; mais elle ne l'avait fait qu'en secret. Quand elle
se décida à laisser connaître ses essais poétiques, elle ne le
fit qu'avec beaucoup de réserve, en sorte qu'on connaît peu
de ses œuvres. On avait beaucoup goûté son poème intitulé
*Télésille* et consacré à une héroïne grecque qui sauva par son
courage la ville d'Argos, sa patrie[1]. Son *Essai poétique sur
Clémence Isaure* fut également très apprécié. On sut gré à
Mme Julie Crabère de ce retour aux vieilles traditions de la cité
Palladienne. « Après les dissensions les plus sanglantes, a
dit Dumège dans la *Biographie toulousaine*, le nom de
l'illustre bienfaitrice des Jeux Floraux fut pour la première
fois rappelé aux Toulousains par une personne de son sexe
qui cultivait avec succès l'art des vers. Mme Crabère

1. Ce petit poème a été publié par Labouïsse-Rochefort dans son
journal *l'Anecdotique*, no 46, du 16 septembre 1842.

croyait acquitter la dette de sa patrie en rendant un hommage
solennel à la protectrice des Troubadours. » Clémence, disait-
elle,

> De vos cœurs à jamais serait-elle effacée?
> A côté des neufs Sœurs vos pères l'ont placée.
> Respectez ce décret approuvé par les Cieux
> Et souffrez qu'en ce jour si propice à nos vœux,
> De la main d'une femme elle reçoive encore
> Le tribut que les arts doivent au nom d'Isaure.

Cette pièce débutait ainsi :

> Dans ce siècle barbare où, fier de sa puissance,
> L'homme nous ravissait l'usage de nos droits
> Et forçait notre sexe à respecter ses lois,
> Clémence, méprisant l'erreur et la satire,
> Des beaux-arts avilis a rétabli l'empire.
> Que ce courage est grand! que cet exemple est beau!
> Faut-il que cette Muse, hélas! soit au tombeau?
> . . . . . . . . . . . . . . . . . . . . . . . . . . .
> Du sein de l'Elysée, en l'honneur de nos fêtes,
> Elle vole en ces lieux et plane sur nos têtes.
> Les lettres, les talents lui doivent de beaux jours
> Qui, longtemps, parmi vous, illustrèrent leurs cours.
> Mille objets à nos yeux rappellent son génie,
> Gravent encor ses dons dans notre âme attendrie;
> Le Dieu des vers la mit au rang des immortels
> Et son siècle aurait dû lui dresser des autels.

Madame Crabère continuait en regrettant de n'avoir le
talent ni de Rousseau, ni de Corneille pour chanter dignement Clémence Isaure, et elle s'excusait de l'avoir essayé
par ce trait qu'on trouva touchant par sa modestie :

> Instruite, dès longtemps, de mon insuffisance,
> Je consultais mon cœur et non mon éloquence.

Evidemment, tout cela n'était pas très exact au point de
vue historique; mais on n'en savait pas davantage à cette
époque. La forme elle-même n'était pas bien brillante; et

cependant, les contemporains y trouvaient « de la facilité, de l'élégance, du feu et tous les charmes que la poésie exige[1] ».

Des vers apprêtés, nous passons à la prose simple du citoyen Malliot, professeur des fortifications et des costumes, associé résident du Lycée, ancien directeur de l'Académie royale de peinture, sculpture et architecture de Toulouse, ancien élève et professeur des Écoles de ladite Académie. Il lut une « courte notice » sur la vie du peintre Antoine Verrius, se disant Italien et élève de Pierre de Cortone, qui s'était fixé à Toulouse après de nombreuses pérégrinations et aventures amoureuses, et qui fut obligé de la quitter à la suite de nouveaux méfaits du même genre pour échapper aux rigueurs de la justice. On lui doit plusieurs ouvrages, et, notamment, deux tableaux actuellement au Musée, où la Vierge est représentée sous les traits de la présidente de Riquet.

Après différentes autres lectures par des Lycéens dont les noms et les œuvres n'ont pas dépassé la notoriété de leur temps, la séance se termina par une *Épitre en vers aux gens de lettres sur leur conduite dans la Révolution*. L'auteur en était « le citoyen Carré, associé résident ». Cet ancien élève de l'abbé Delille, ce protégé de M<sup>gr</sup> de Brienne, cet ex-professeur du Collège royal dirigé par les Jésuites, y représentait Brutus venant demander à Caton sa ligne de conduite, parce que

On se menace, on craint, on se ligue, on s'agite ;
Dans l'armée on conspire et l'on tremble au Sénat.

Et Caton lui répond :

..... Il n'est qu'un camp pour Rome :
Celui de tes aïeux, celui de ce grand homme
Qui déchira le cœur des perfides Tarquins,
Le camp de la patrie et des républicains.
Là, tu verras Caton ; là Brutus doit me suivre ;
C'est là qu'avec nos lois il faut cesser de vivre.

1. Laboutsse-Rochefort, *Trente ans de ma vie*, t. IV, p. 151.

Les gens de lettres doivent agir de même. La liberté triomphe et ils ne doivent pas la trahir :

> Si tout mortel est libre, il doit se gouverner ;
> Et, s'il a des tyrans, il doit les détrôner.

Après avoir fait l'éloge des « vérités dont Montaigne est armé », du « pur flambeau par Voltaire allumé », d'Helvétius, de Jean-Jacques Rousseau, du « mâle Diderot » et du « brûlant Raynal », en un mot de tous les « interprètes de la Raison » et de tous les « courageux prophètes de la liberté », enfin de Bonaparte,

> « Un héros sans revers et sans modèle encore,

il termine en faisant appel à l'union :

> Venez : rétablissons la douce confiance ;
> Nos bras vous sont encore ouverts pour l'amitié ;
> Servez la République, et tout est oublié.

Après avoir commencé par une symphonie d'Haydn, exécutée par l'orchestre, la séance se termina par l'ouverture de *Démophon*, musique de Vogel.

Cette séance fut fort appréciée. Elle fut suivie, chaque année, de séances pareilles, où l'on ajouta la résumption des travaux accomplis par les Lycéens depuis la précédente séance.

Dans la séance ordinaire du 30 floréal an VI (19 mai 1798), le Lycée procéda à la nomination de nouveaux associés correspondants[1]. Ce furent :

Barreau, à Paris, auteur d'une tragédie intitulée : *La Mort de Marat;*

Barrié, médecin, à Castelnaudary;

Bernardin de Saint-Pierre, l'auteur de *Paul et Virginie,* à Paris;

1. Registre des Procès-verbaux des séances, p. 23.

Combe-Dounous, à Cahors;
Dispan aîné, à Flourens;
Dolier, négociant, à Marseille;
Despouy, musicien, à Toulouse;
Daydé, à Toulouse;
Duc-la-Chapelle, à Montauban;
Duc, musicien, à Toulouse;
Dupau, médecin, à Rieux;
Jougla-Paraza, à Paris;
Ferlus aîné, à Sorèze;
Ferlus cadet, à Sorèze;
Lareveillère-Lepaux, à Paris.
Lombard, à Villefranche-d'Aveyron;
Mercadié, ingénieur, à Foix;
Neufchâteau (François), à Paris;
Perrin, musicien, à Toulouse;
Pons, à Paris;
Ruelle (Louis), musicien, à Toulouse;
Sagel, à Gaillac;
Talleyrand-Périgord, à Paris;
Tarteyron (Isaac), à Bordeaux;
Vauquelin, chimiste, à Paris;
Villar, inspecteur général du service de la santé, à Paris;
Villar, botaniste, à Grenoble.

Peu après, des modifications furent faites aux statuts. Il fut décidé, dans la séance du 20 prairial an VI (8 juin 1798[1]) :

1° Que le nombre des associés *résidents* serait porté à *cent*;

2° Que ceux des associés *correspondants* nommés jusqu'à ce jour et domiciliés à Toulouse, passeraient dans la Classe des associés résidents;

3° Qu'il ne serait nommé à l'avenir aucun associé correspondant domicilié à Toulouse;

1. Registre des Procès-verbaux des séances, p. 25.

4° Que le mode de présentation des candidats resterait le même ;

5° Enfin, que les séances dans lesquelles des candidats seraient proposés à l'admission devraient toujours être nommément convoqués ; que le président ferait procéder à l'élection une heure après la lecture du procès-verbal ; et que, pour être nommé, il suffirait d'avoir obtenu les suffrages des deux tiers des membres présents.

En exécution de ces décisions, il fut pourvu aux places restant à compléter dans chaque classe.

C'est ainsi que pour la Classe des Sciences, il fut fait choix, en la séance du 30 prairial an VI, des titulaires suivants :

Picot (de Lapeyrouse) ;
Casimir Marcassus (de Puymaurin) ;
Chalvet aîné.

Dans la Classe des Lettres fut nommé, en la même séance du 30 prairial an VI[1] :

L'avocat Jacques Floret.

Pour la Classe des Arts, furent proposés en la séance du 6 messidor an VI (6 juin 1798) :

Laupies, architecte ;
Courtalon, architecte ;
Roques, peintre,
et Faure, peintre.

Enfin, pour compléter le chiffre de cent, un seul titulaire devait être ajouté et il était réservé à la Classe du Commerce et de l'Agriculture. Le titulaire proposé fut Pomarède aîné. Ces propositions furent ratifiées dans la séance du 30 thermidor an VI (17 août 1798). Mais Faure dut céder la place à Goudin, également peintre, devenu plus tard conservateur du musée de Versailles[2].

Deux associés correspondants furent nommés à la séance du 19 messidor an VI (7 juillet 1798) :

1. P. 27 du Registre des Procès-verbaux des séances.
2. P. 34 du Registre des Procès-verbaux des séances.

Rein, musicien, à Toulouse;

Borjaud, chanteur, également à Toulouse.

\* \*

La seconde séance publique du Lycée fut tenue le 20 messidor an VI (8 juillet 1798), conformément aux statuts qui prescrivaient de tenir annuellement deux séances publiques. Elle fut présidée par Jean Castilhon, de plus en plus éprouvé par les années et les infirmités[1].

L'assemblée était nombreuse et brillante.

A cinq heures précises, l'orchestre débuta par une ouverture de la composition du citoyen Despouy, associé correspondant.

Puis, le président fit lire par l'un des secrétaires son discours d'ouverture. Ce discours rappelait que les anciens poètes avaient placé le *Temple de la Vertu* sur le sommet d'un mont presque inaccessible, entouré de précipices. Lycurgue en rendit le chemin encore plus difficile; mais il enflamma le cœur des Spartiates soumis à ses lois et il leur inspira l'amour de la Vertu. Il ajoutait qu'il fallait être prêt à verser son sang pour la patrie ou pour la défense de la vertu persécutée; faire la guerre au crime; être fidèle à ses engagements, aux dépens de ses jours; regarder comme des bassesses infâmantes l'intrigue au regard inquiet, la ruse perfide, la flatterie, le vil intérêt et tous ces moyens si connus de lâches courtisans; être compatissant pour les faiblesses d'autrui, inexorable envers les méchants; n'envisager d'autre récompense de ses travaux que la satisfaction d'être utile; être modeste dans la victoire; soutenir d'un courage égal l'infortune et la prospérité; déposer ses trophées au pied de la beauté; puiser, dans l'amour et dans le respect pour une femme aimable et vertueuse, cette politesse et cette douceur qui ont donné à la nation française un si grand avantage sur toutes les autres. »

---

1. Registre des Procès-verbaux des séances, pp. 30 et 31.

Jean Castilhon parlait le langage du jour. Malgré les troubles de la Révolution, malgré les orgies sanguinaires de la Terreur, malgré tous les appétits et tous les débordements du Directoire, les grands mots de vertu, de sacrifice, d'honneur, de patrie étaient plus que jamais sur toutes les bouches. On n'était pas moins galant pour les femmes, et Jean Castilhon s'écriait : « O vous! le plus bel ouvrage de la création, n'oubliez jamais que vous dûtes aussi à l'honneur et à la vertu, autant qu'à la beauté, l'empire que vous exerçâtes toujours sur les Français. Quelque altéré qu'on suppose le caractère national, il ne tient qu'à vous de le ramener à la pureté des mœurs antiques. Que ne peuvent sur nos cœurs les grâces unies aux talents? »

Le discours se terminait en saluant la présence à la séance de la comtesse de Beaufort-d'Hautpoul. « Esprit, beauté, vertus, lui disait Jean Castilhon, vous les possédez tous ces trésors, vous que le Lycée vient de s'associer; vous qui avez eu le courage d'abandonner le séjour trop enchanteur de la Capitale, dont vous faisiez les délices, pour reporter dans votre terre natale un bien qu'elle était en droit de réclamer. »

Castilhon se trompait. La comtesse de Beaufort-d'Hautpoul n'était pas originaire de Toulouse. Elisa Marsolier était née à Paris et était nièce de Marsolier de Vivetières, auteur de jolis opéra-comiques pleins de gaieté, quoiqu'il fût de caractère morose et même misanthrope. Elle s'était mariée avec un Toulousain, le comte de Beaufort, colonel du régiment du Roi-infanterie, alors le 105e, qui avait émigré, et était devenue, raconte Thiers dans son *Histoire de la Révolution*[1], la maîtresse du conventionnel Julien, élu député de Toulouse en août 1792 et exécuté l'année suivante comme « agioteur » et compromis dans les intrigues financières des banquiers étrangers, des fournisseurs du gouvernement et des usuriers qui avaient profité des calamités publiques pour s'enrichir. La comtesse de Beaufort avait été incar-

[1]. T. IV, p. 340, et t. V, p. 211.

cérée avec son fils, alors âgé de dix ans, et elle n'était sortie
de prison qu'après la chute de Robespierre (thermid·r an II,
juillet 1794). Son mari ayant été tué l'année suivante (3 thermidor an III, 21 juillet 1795) à Quiberon « par les satel-
lites du proconsul Tallien », elle avait épousé peu de temps
après le comte d'Hautpoul, officier du génie, et avait pris le
nom de comtesse de Beaufort-d'Hautpoul. Au dire de ses
contemporains, Baour-Lormian, Gaspard Lafon, Labouïsse-
Rochefort et bien d'autres, sa conversation était spirituelle
et enjouée et les salons littéraires qu'elle tint successivement
à Toulouse et à Paris furent des plus brillants et des plus
fréquentés par les gens du monde comme par les gens de
lettres. Elle a composé de nombreux ouvrages, tant en
prose qu'en vers : tous se font lire avec plaisir, surtout ses
romans, qui offrent une foule de situations attachantes,
décrites avec une correction et une élégance bien rares en
province, surtout à l'époque où elle vivait. Quant à ses
poésies, elles se caractérisent par un doux abandon, et,
comme on l'a dit de son temps, elles semblaient « échappées
d'une lyre parée des fleurs d'Isaure ». C'est à Toulouse, en
1789, qu'elle avait fait paraître son premier ouvrage, intitulé : « Zilia, roman pastoral. » Le volume est in-12 et n'a
pas plus de 113 pages. Il est imprimé sur papier fil et forme
une plaquette aussi élégante que coquette avec ses petits
caractères elzéviriens et ses grandes marges blanches. L'ouvrage est précédé d'un « Hommage à Jean-Jacques Rousseau » et procède tout à fait de son culte pour la nature. Il
est en prose et coupé de pièces de vers formant autant de
« romances », comme on disait alors, et ces « romances »
passèrent longtemps pour des modèles du genre. *Zilia* fut
tiré en un petit nombre d'exemplaires exclusivement réservés
aux amis de la comtesse de Beaufort. Mais, en 1790, on la
sollicita d'en donner une seconde édition, destinée au public,
et le *Journal universel et Affiches de Toulouse et du Haut-
Languedoc* lui adressa, à cet effet, la supplique suivante[1] ·

---

1. N° 10, p. 40, du 10 mars 1790

O toi ! qui réunis tant d'esprit et de charmes,
Quand les Filles du Ciel vont te rendre les armes,
Pourquoi, tendre BEAUFORT, nous priver du plaisir
Que chacun doit goûter à te lire à loisir?
Ah ! sans doute, un Auteur que tant de vertu guide,
Doit donner à regret un arrêt si rigide !...
Le cœur de Zilia nous retrace le tien ;
Elle offre à tous les yeux tes grâces, ton maintien...
Et, lorsque l'enjoûment, la vertu, la sagesse
Sont tracés par tes mains avec tant de justesse,
En vain chercherions-nous un livre si charmant,
Rien ne saurait l'offrir à notre empressement...
Ah ! suis l'heureux penchant qui dirige ton âme;
Consulte tes bontés, cède au bien qui l'enflamme;
Je te verrai combler le vœu le plus ardent,
Et te rendre aux désirs d'un peuple impatient :
Il n'attend qu'un seul mot pour te prouver son zèle,
Couronner tes travaux et te rendre immortelle...
Ton cœur fait mon espoir : il est né généreux,
Et c'est par des bienfaits qu'on est égal aux Dieux.

Ces vers étaient signés « *par* SOUQUE *cadet, directeur de l'imprimerie Desclassan* ».

La comtesse de Beaufort céda à ces insistances, et Souque l'en remercia par les quatrains suivants :

O vous, dont la touche légère
Enchante et ravit à la fois,
Pardonnez si ma faible voix
Ose encore tenter de vous plaire.

Oui, si le zèle qui m'enflamme
Faisoit naître en moi les talens,
Je voudrois n'offrir mon encens
Qu'aux traits généreux de votre âme.

Et si jamais je pouvois peindre
Tout ce que l'on admire en vous,
Mon cœur feroit bien des jaloux,
Mais je serois loin de m'en plaindre.

Tout est divin dans votre Ouvrage :
L'esprit, l'éloquence et le goût;
Mais c'est à vos vertus surtout
Que je me plais à rendre hommage.

En cette même année 1790, elle concourut à l'Académie
des Jeux Floraux et y remporta le prix du genre avec une
épître intitulée : *Sapho à Phaon*.

Pendant le cours de la Révolution, la comtesse de Beaufort ne cessa pas d'écrire. Elle avait fini par acquérir une
véritable réputation littéraire, même à Paris. Si elle s'attira
parfois des épigrammes caustiques de la part de Lebrun, dit
Lebrun-Pindare, qui attaquait tout le monde, elle avait fini
par conquérir son estime, et, un beau jour, il lui écrivait :

> Votre sexe a plus d'un trophée
> Qui déposeroit contre lui.
> Jadis, il déchiroit Orphée ;
> A Racine même il a nui.
>
> Mais ne rappelons que vos charmes :
> BEAUFORT, vous les possédez tous.
> Notre Apollon vous rend les armes ;
> Voyez ses fils à vos genoux.

Lorsque le Lycée s'était fondé, la comtesse de Beaufort-
d'Hautpoul était revenue à Toulouse et avait repris son salon
littéraire. Il était donc tout naturel que Jean Castillon eût
fait tous ses efforts pour la faire entrer au Lycée. Elle finit
par y consentir et s'y montra très assidue.

Dans le cours de la séance du 20 messidor an VI, la com
tesse de Beaufort-d'Hautpoul fut appelée à lire deux de ses
œuvres. Elle fit d'abord entendre une *Idylle aux Violettes*,
« suave et parfumée comme les fleurs qu'elle chantait », dit
un mémorialiste du temps [1]; puis elle lut une *Épître aux
Français*, qui fut également très goûtée.

« Le citoyen Baour-Lormian » fit son entrée au Lycée dans
cette même séance du 20 messidor an VI. Il y récita un
fragment du poème intitulé : *La Nuit*, et fut fort applaudi.

Malgré le succès de cette séance, elle fut suivie d'un
libelle ayant pour titre : *Observations critiques sur les
ouvrages lus à la dernière séance publique du Lycée de*

1. Labouïsse-Rochefort, *Trente ans de ma vie*, t. IV, pp. 216 à 218.

*Toulouse* et signé : *Dentelle*. Ce libelle n'épargnait personne. Il censurait les vers si gracieux et si spirituels de la comtesse de Beaufort-d'Hautpoul. Il critiquait les vers de Baour-Lormian, de Pié, de Pague, etc. Il ne ménageait pas davantage ceux de Collin d'Harleville. Ces sarcasmes, quelquefois virulents, et mêlés même de personnalités offensantes, mirent en émoi tout le Lycée. On rechercha l'auteur, et l'on finit par découvrir qu'il n'était autre qu'un membre du Lycée, Daydé, lauréat de l'Académie des Jeux Floraux en 1781 pour une *Hymne à la Vierge*, et qui depuis s'était fait connaître par quelques autres pièces de vers assez médiocres Il lui fut vertement répondu par Tajan, qui releva les fautes de français de son libelle. Puis, il fut déféré à la censure du Lycée, et il fut rayé de la liste des membres résidants. La sentence ajouta qu'il en serait de même à l'avenir pour tous ceux qui l'imiteraient, le Lycée étant « une société où l'accord et la paix doivent régner et où le désir de perfectionner les sciences et les arts doit animer tous les membres », et non « une arène où ils s'attaquent réciproquement par des épigrammes » et des « méchancetés [1] ».

La liste des associés correspondants fut complétée dans la séance du 30 thermidor an VI (17 août 1796) par les titulaires suivants :

Vigée, à Paris ;

Laya, homme de lettres, à Paris ;

Arnault, homme de lettres, à Paris ;

Robert, à Montauban ;

Guillou, professeur, à Bordeaux ;

Lacour, peintre, à Bordeaux ;

Et la citoyenne Daumaison, à Toulouse.

En fin de séance, le président présenta au Lycée le citoyen Lausel, membre du Bureau consultatif du Commerce près le Ministre de l'Intérieur et du Lycée républicain à Paris : « Ce

---

1. Séance du 20 thermidor an VI (7 août 1796), p. 33 du Registre des Procès-verbaux.

citoyen fut admis au nombre des associés correspondants[1]. »

En moins d'une année, le Lycée de Toulouse avait acquis une véritable réputation, et bien des célébrités parisiennes sollicitaient l'honneur de figurer dans ses rangs tout au moins comme membres correspondants.

C'est ainsi que « les citoyennes Dubocage et Beauharnais » demandèrent à en faire partie. Leur demande fut accueillie avec le plus grand empressement dans la séance du 10 thermidor an VI (28 juillet 1798), « ces deux citoyennes, dit le procès-verbal, jouissant depuis longtemps de la célébrité[2] ».

Il en fut de même pour les citoyens Cubières, « connu par ses talens et par ses ouvrages », ce successeur de Dorat, comme on l'appelait, et pour le citoyen Villars, « ci-devant ambassadeur, qui, dans mille occasions, a donné les plus grandes preuves de son zèle pour le progrès des Lettres ».

Dans cette même séance fut admis comme associé résidant « le citoyen Mayniel, ingénieur en chef de la place, aucun des membres du Lycée n'ignorant le civisme et les talens de ce compatriote ». Le citoyen Labouïsse y sollicita le titre de correspondant[3]. Auguste de Labouïsse-Rochefort habitait à cette époque Saverdun. Il devait passer toute sa vie, qui fut longue, à écrire sur tous les sujets, en vers et en prose. On a de lui une foule d'ouvrages et, en particulier, des *Mémoires* et des *Voyages* qui nous donnent des renseignements précieux sur bien des choses et des personnes de son temps.

A la séance du 30 frimaire an VII (20 décembre 1798), le président Castilhon s'excuse de ne pouvoir venir à cause du dérangement de sa santé. Il informe le Lycée de la mort du citoyen Floret, membre résidant, et « propose d'arrêter qu'il sera fait une notice historique sur la vie et les ouvrages de ce littérateur, et, pour l'avenir, de tous les membres que la mort enlèvera au Lycée ». Cette proposition fut adoptée[4].

1. Registre des Procès-verbaux des séances, pp. 34 et 35.
2. *Eod. lib.*, p. 32.
3. *Eod. lib. et loc.*
4. Registre des Procès-verbaux des séances, pp. 34 et 35.

Peu après, Jean Castilhon mourait à son tour, et son éloge
funèbre fut prononcé à la séance du 20 nivôse an VII (9 janvier 1799). La salle avait été tendue de noir et une urne
funéraire, entourée de longs festons de cyprès, avait été placée vis-à-vis le bureau, à l'autre extrémité de la salle, pour
« payer un juste tribut d'hommages et de regrets à la mémoire du Nestor de la littérature et du fondateur du Lycée ».
Les citoyens Monlon et Taverne lurent des vers « sur la
cruauté du sort qui leur avait ravi un ami et un guide dans
la carrière des Sciences, des Lettres et des Arts ». Et le citoyen
Bergeau exécuta un « chant funèbre sur la mort du citoyen
Castilhon, paroles du citoyen Baour, musique de Méhul ».

La séance se termina par la présentation au Lycée du
célèbre chanteur Garat, dont le président proposa, au nom
de Baour, la nomination comme associé correspondant.
Cette proposition fut accueillie par de chaleureux applaudissements. Garat témoigna sa reconnaissance à l'assemblée,
et, cédant à l'invitation du Président, il chanta une romance
« analogue à la triste cérémonie » que célébrait le Lycée[1].

La liste des associés résidants fut complétée :

A la séance du 10 pluviôse an VII (29 janvier 1799), par la
nomination de :

    Lefranc, pour la Classe de Littérature ;

    Fitz-Simon, professeur de langue anglaise, pour la Classe
      des Sciences ;

    Bulion et Boutaric, pour la Classe des Arts[2].

A la séance du 10 ventôse an VII (1er mars 1799), par la
nomination de :

    Viguerie, officier de santé, pour la Classe des Sciences ;

    Jamme père, Corail jeune, Martel père, pour la Classe
      des Belles-Lettres ;

    Briant, peintre, inspecteur du Muséum, pour la Classe
      des Arts[3].

1. Registre des Procès-verbaux des séances, pp. 38 et 39.
2. *Eod. lib.*, p. 41.
3. *Eod. lib.*, p. 42.

A la séance du 20 de ce même mois de ventôse
(10 mars 1799), par la nomination :

> De Poitevin (Poytavi), le futur secrétaire perpétuel et
> historien de l'Académie des Jeux Floraux, qui s'ex-
> cusa de ne pouvoir résider à Toulouse et fut mis dans
> la classe des associés correspondants[1].

A la séance suivante du 20 germinal an VII (9 avril 1799),
le Bureau proposa et le Lycée nomma comme associés correspondants, les citoyens :

> Grancher, à Rieux ;
> Bailly, à Paris ;
> Saint-Salvy ;
> Ferradou ;
> Cheverry ;
> Portes ;
> Falcon ;
> Vitry, musicien et chanteur ;
> Sirven ;
> Marie fils ;
> Guénée ;
> Chalvet ;
> Pagne ;
> Laborde,
> Et Labadens fils[2].

.·.

Le Lycée tint sa troisième séance publique[3] le 30 germinal an VII (19 avril 1799).

Gaspard Lafont, surnommé Lafont-Nérine, à cause de son
roman de *Nérine*, ouvrit la séance en prononçant l'éloge de
Castilhon, qu'il proclama « l'ami de tous les gens de bien,
le patriarche de la littérature en France, le modèle des litté-

1. Registre des Procès-verbaux des séances, p. 43.
2. *Eod. lib.*, p. 44.
3. *Eod. lib.*, pp. 44 et 45.

rateurs et des savants, le fondateur du *Lycée*, notre tendre
père à tous... Vous ne verrez plus parmi vous, continua-t-il,
ce vieillard vénérable, dont le zèle toujours actif ranimait
notre émulation. Un froid cercueil enferme et dévore cette
tête précieuse, dans laquelle soixante-dix ans d'étude avaient
réuni toutes les connaissances humaines. Ce cœur incompa-
rable, qui ne ressentit jamais d'autre émotion que celle de
la vertu, est livré maintenant à la destruction affreuse :
l'homme bon par excellence est la triste pâture des vers. »

A la suite de cet éloge, il fut donné lecture d'une idylle
composée par Jean Castilhon et intitulée *les Roses*. Cette
pièce de vers remontait à l'année 1766. Elle était adressée à
une jeune personne, et le poète lui disait à propos de ceux
qui la courtisaient :

> Voulez-vous de leur cœur volage
>    Prévenir l'infidélité?
>
> Des roses vous avez la fraîcheur en partage,
>    Ayez-en la simplicité.
> Mais les présents les plus brillants de Flore
>    Naissent et meurent en un jour.
>    Fleur de beauté, rose d'amour
>    Passent plus vite que l'aurore;
> Leur éclat d'un moment disparaît sans retour.
>
> Tu soupires, Eglé; j'excuse ta faiblesse.
> Puisque ton cœur ne peut étouffer sa tendresse,
> Pour fixer ton amant, emprunte leur secours;
>    Cueille les fleurs de la jeunesse.
> Aime, si c'est ton sort; mais souviens-toi toujours
>    Qu'il n'est qu'un temps pour les amours,
>    Et que l'esprit, les talens, la sagesse
>    Sont des roses de tous les jours.

La résomption des travaux du Lycée depuis la séance
publique du 20 messidor an VI (8 juillet 1798) fut présentée
par le citoyen Bellecour, l'un des secrétaires. Elle mentionne
des travaux sur l'Histoire naturelle par Picot de Lapeyrouse,
membre de l'Institut, professeur d'histoire naturelle à l'École
centrale, associé résidant, et par Tournon, associé correspon-

dant ; deux Mémoires, dont l'un sur Fermat, par Léon, associé résidant ; des notices historiques sur le bonnet de la liberté, par l'ex-abbé Magi, devenu juge de paix de Grenade, associé correspondant, et sur la reine Pédauque, par Malliot ; trois discours sur des sujets divers par Plantié, associé correspondant.

La partie littéraire est plus nombreuse. On y remarque un Remerciement en vers, « par la citoyenne Fanny Beauharnais, » trois poésies « par la citoyenne Dhaut-Poul, ci devant Beaufort, » toutes deux associées correspondantes ; quatre poésies par Carré ; des fables par Gaspard Lafont et par Moulon, etc. La comtesse de Beaufort-d'Hautpoul avait notamment lu un fragment de son poème d'*Achille et Deidamie*. C'était une gracieuse imitation de Stace. Métastase avait composé une cantate sur le même sujet ; seulement, il lui avait donné un but plus moral, et il l'avait en conséquence intitulée : *Le Triomphe de la Gloire*.

Le peintre Lucas avait présenté des *Observations sur la manière d'apprendre à dessiner*.

Marcassus de Puymaurin s'était occupé de la culture du blé noir dans les Pyrénées et Robert, de Montauban, de la taille de la vigne.

Le citoyen Naylies avait examiné la nécessité et les avantages de l'établissement d'une chaire de commerce.

A la suite de cette résumption des travaux du Lycée, le Recueil publia plusieurs travaux de ses membres, et notamment, des *Fragments d'un Voyage au Mont Perdu* fait en thermidor an V (juillet 1797) par Picot de Lapeyrouse ; une fable en vers par Henry Boilleau, associé résidant (*Le Lévrier et la Dame*) ; une épître en vers par Carré, adressée au généreux domestique qui avait soutenu de ses épargnes et de ses soins le citoyen Mazéas, vieillard octogénaire, ancien professeur de mathématiques dans la ci-devant Université de Paris ».

Cette épître fut très applaudie. On lui reprocha cependant les deux premiers vers :

> *Toi qui venges ton rang, ton pays et nos lois*

« Venges, » de quoi? lui dit-on.

Toi qu'on eût ignoré sous le règne des Rois.

Il s'adressait à la Vertu; et la Vertu était récompensée sous Louis XVI, répondait-on, et couronnée toutes les fois qu'elle était connue. Elle n'était donc pas l'apanage exclusif du régime républicain.

Auguste de Labouïsse-Rochefort, membre correspondant, apporta son tribut à cette séance avec une cantate intitulée *l'Obstacle*, traduite de Métastase. Elle fut très goûtée et obtint le lendemain de grands éloges dans le « cercle » qui se rassembla chez la comtesse de Beaufort-d'Hautpoul.

Le Recueil qui fut publié à la suite de cette séance contenait en outre un extrait d'un Mémoire sur le phosphate de plomb en végétation, par Frizac jeune.

Il se terminait par une Notice nécrologique sur la vie et les ouvrages de Jacques Floret, par Henry Boilleau, secrétaire.

Dans sa séance du 30 floréal an VII (19 mai 1799), le Lycée procéda à l'élection de nouveaux candidats. Il admit comme membres résidants

*Dans la Classe des Sciences :*

Treyssac, officier de santé,
Et Gounon, l'oncle.

*Dans la Classe de Littérature :*

Dalles;
Gez, qui refusa cette nomination à la séance suivante
Jamme fils (Casimir);
Et Pradel.

*Dans la Classe des Arts :*

Ajon.

*Dans la Classe d'Agriculture et du Commerce :*

Duperrié l'aîné;
Milhas, arboriste;

Saint-Jean, négociant;
Leflet, arboriste;
Baissade, négociant;
Sahuqué;
Duvernoi ;
Beguilhet le père;
Et Cassaing, négociant[1].

A la séance du 10 prairial an VII (29 mai 1799), le Président lit une lettre du citoyen Saint-Amans, disant qu'il « existait dans la ci-devant église Saint-Michel-du-Touch quelques débris précieux d'architecture et demandant que ces débris fussent transportés au Muséum de Toulouse[2].

Avant de se mettre en vacances, le Lycée procéda au renouvellement de son Bureau dans la séance du 30 prairial an VII (18 juin 1799). Il résulta de cette élection que le citoyen Picot (de Lapeyrouse) devint président, le citoyen Chalvet vice-président, et le citoyen Pié secrétaire[3]. Mais, Pié ayant fait observer que ses fonctions judiciaires l'empêchaient de remplir ces attributions, il fut remplacé par le citoyen Dalles.

Sur la présentation du citoyen Grancher, de Paris, associé correspondant, le Lycée mit au rang des associées correspondantes la citoyenne Henriette Georgon, après lecture de deux petits poèmes de sa composition, le *Serment d'Amour* et l'*Adieu*, « ouvrages pleins de naïveté, de goût et de délicatesse », porte le procès-verbal du 10 nivôse an VIII[4] (31 décembre 1799). Puis, le président annonça la mort du peintre Jean Briant, inspecteur du Muséum, lequel fut remplacé à la séance du 10 pluviôse an VIII (30 janvier 1800) par le peintre Sabères[5].

A cette dernière séance, les deux additions suivantes sont faites au règlement :

1. Registre des Procès-verbaux des séances, pp. 47 et 48.
2. *Eod. lib.*, p. 49.
3. *Eod. lib.*, p. 50.
4. *Eod. lib.*, p. 57.
5. *Eod. lib.*, p. 65.

1° « Tout membre du Lycée qui donnera un ouvrage au public ne pourra déclarer qu'il a été lu dans une séance s'il n'y a été approuvé;

2° « Tout membre qui voudra livrer à l'impression un de ses ouvrages est invité à en faire préalablement la lecture au Lycée[1]. »

A la séance du 30 ventôse an VIII (21 mars 1806), nous voyons apparaître pour la première fois « le citoyen Dumège fils », qui « instruit le Lycée de l'existence dans la ci-devant église de Saint-Michel, située au confluent de la petite rivière du Touch avec la Garonne, de plusieurs monuments antiques d'un grand intérêt », et qui demande que des moyens soient pris pour conserver ces monuments. Cette lettre est renvoyée au citoyen Lucas cadet « pour qu'il engage l'acquéreur de ce bien national à conserver ces monuments », et celui ci s'empresse d'y satisfaire[2].

Après la lecture de plusieurs ouvrages des secrétaires, le Lycée désigne de nouveaux associés correspondants. Ce sont les citoyens :

Niel, ex-administrateur du département de la Haute Garonne;

Chirac fils;

Et Molinier aîné, botaniste à Agde[3].

.·.

Les événements du 18 brumaire an VIII (9 novembre 1799) avaient amené la constitution consulaire et la création des préfets en remplacement des directoires électifs sur lesquels le pouvoir central avait peu d'action et qui eux-mêmes n'agissaient point ou agissaient mal. Le préfet qu'on envoya à Toulouse était un ex conventionnel qui avait condamné le roi Louis XVI à mort, sans sursis. Il était fils d'un maître de poste à La Flèche, et se nommait Richard. Au dire de d'Al-

1. Registre des Procès-verbaux des séances, p. 61.
2. Eod. lib., pp. 65 et 67.
3. Eod. lib., p. 66.

— 97 —

déguier, qui l'avait personnellement connu [1], c'était un homme
de mœurs très douces, d'une société agréable, aimant le
monde, le jeu et les femmes. A son arrivée à Toulouse, il n'eut
d'autre soin que celui de faire oublier aux Toulousains le
régime révolutionnaire. Il y réussit et parvint à se faire apprécier, et même aimer, par les républicains aussi bien que
par les royalistes. La répugnance qu'il avait d'abord inspirée
s'effaça quand on s'aperçut que c'était un homme de plaisir.
Il accordait toutes les demandes qui tendaient à faire rentrer
chacun dans sa position sociale. Rien ne fut plus doux que le
mode de surveillance qu'il établit pour les émigrés. Il leur
facilita tous les moyens de rentrer dans leurs biens inven-
dus. Il accueillit toutes les demandes en radiation définitive
et les appuya de tout son pouvoir auprès du Gouvernement.
Il fit ainsi oublier à l'aristocratie de Toulouse qu'il avait été
conventionnel, et conventionnel forcené, terroriste ! Il restait
bien dans les salons quelques rancunes implacables ; mais
elles finirent par se calmer ou se perdre dans la satisfaction
générale.

Peu après son installation à la préfecture, le Lycée lui
envoya une députation composée des membres du Bureau,
auxquels avaient été adjoints deux membres de chaque
classe. Cette députation fut parfaitement reçue par le préfet,
auquel elle offrit une place de membre résidant. Celui-ci l'ac-
cepta dans les termes les plus gracieux [2]. Et quand arriva la
séance publique du Lycée, il s'empressa d'y assister.

Cette nouvelle séance publique fut tenue le 30 germinal
an VIII (20 avril 1800). La salle était richement illuminée, « le
cercle brillant et si nombreux qu'on était arrivé deux heures
avant l'ouverture pour se placer d'une façon supportable ».
Cinq heures sonnent. Le préfet arrive, et la séance commence
aussitôt, sous la présidence du citoyen Chalvet. L'orchestre
fait entendre l'ouverture de la *Chasse du jeune Henri*. Puis
le président prononce son discours. Il rappelle les causes de

1. *Histoire de la ville de Toulouse*, t. IV, p. 58?
2. Séance du 10 germinal an VIII (31 mars 1800), p. 66 du Registre
des Procès-verbaux.

l'institution du Lycée. Il insiste sur ses mérites, et il « invite les auteurs qui lisent ou adressent des ouvrages au Lycée, à les tourner principalement vers quelque objet philosophique ou moral », afin de rendre les hommes « plus éclairés et meilleurs ». Il fait appel au concours des dames, qui sont déjà venues nombreuses pour « raviver les sentiments de l'homme », et « font revivre l'urbanité, l'élégance dans les costumes, l'affabilité dans les manières ». Il cite en particulier Mme de Bourdic-Viot, associée correspondante, qui venait d'envoyer l'*Éloge de Montaigne*.

La résomption des travaux des membres du Lycée pendant l'année précédente fut présentée par le citoyen Dalles, l'un des secrétaires. Elle rapporte divers travaux du médecin Tournon; trois Mémoires lus par Malliot, dont l'un sur l'église et le monastère de la Daurade; des observations météorologiques par Léon; des recherches astronomiques par Vidal, astronome à Mirepoix, complétant celles de Lalande et de son neveu Lefrançois, etc.

Les littérateurs abondèrent. En outre de Mme Bourdic-Viot et de son *Éloge de Montaigne*, nous voyons toute une série de poésies par Mlle Georgeon, Mme Julie Crabère, les citoyens Taverne, Monlon, Plantié, Alibert, Labouïsse-Rochefort, Baour-Lormian, etc.

La comtesse de Beaufort-d'Hautpoul se fit également entendre: elle lut une « héroïde » en vers intitulée la *Mort de Lucrèce*, écrite avec une réelle fermeté.

Casimir Jamme fils donna lecture du premier chant d'un poème intitulé : *Télémaque dans l'île de Calypso*. On a reproché à ce poème de ressembler au poème d'*Achille et Déidamie*, par la comtesse de Beaufort-d'Hautpoul. Il présentait, en effet, « la même situation, les mêmes images, les mêmes peintures, sauf un peu moins de ces grâces que Mme d'Hautpoul avait su répandre avec profusion sur tout son poème [1]. »

Le *Recueil* de cette séance a reproduit quelques-unes des

1. Labouïsse-Rochefort, *Trente ans de ma vie*, t. V, p. 142.

lectures qui furent faites, et, en particulier, un essai d'Auguste Jamme, sur les *Hommes illustres de la ville de Toulouse;* des fables de Monlon; des vers de M<sup>me</sup> Julie Crabère, sur la perte d'une épingle d'or en forme de lyre; un poème de Casimir Jamme fils, intitulé : *Télémaque dans l'île de Calypso;* une notice nécrologique sur le peintre Jean Briant, par Pague, secrétaire; une épître en vers de Pié; un éloge de Marmontel, récemment décédé, par Taverne, etc.

La partie musicale de la séance nous est rapportée par le *Journal de Toulouse,* qui mentionne une ariette de *Laurette et Bléval,* par le citoyen Caussé; une sonate du même, avec accompagnement de cor, de flûte et de basson; un quintetti de la composition de M<sup>lle</sup> Fontès, exécuté par elle sur le piano ; une romance du citoyen Monlon, musique de M<sup>lle</sup> Fontès; un air de *Gulnare,* chanté par le citoyen Berjaud.

La séance avait duré près de cinq heures. La salle du Concert avait été trop petite pour contenir le public. La salle des Illustres l'aurait été également, dit le reporter du *Journal de Toulouse,* qui voudrait qu'on choisi l'ancien temple décadaire (église Saint-Jérôme), et qui ajoute : « Quel motif objectera-t-on du choix de ce local ? Peut-on supposer des préjugés gothiques ou religieux à des membres d'une Société savante et éclairée, dont les travaux doivent tendre exclusivement à développer les bienfaits des Arts, des Lettres, des Sciences et de la Civilisation? »

Le préfet Richard vint également assister à la séance ordinaire du Lycée qui se tint le 20 floréal an VIII (11 mai 1800). Il y prit la parole. Le sujet qu'il traita fut l'*Histoire philosophique de la culture de l'esprit humain.* Son discours se terminait par un remerciement au Lycée de l'avoir appelé dans son sein. Il fut d'autant plus applaudi, et le président, le citoyen Chalvet, se fit l'interprète de l'assemblée en l'assurant de ses sentiments d'estime et de sympathie et en manifestant l'espoir qu'il voudrait bien animer le plus souvent possible par sa présence et par son concours les séances du Lycée[1].

A la séance du 30 prairial an VIII (19 juin 1800), il est procédé au renouvellement du Bureau. Picot de Lapeyrouse est nommé président et l'ancien abbé Saint-Jean, secrétaire[2].

.˙.

La seconde séance publique de l'an VIII ne put avoir lieu que le 10 fructidor (28 août 1800). Elle se tint dans l'ancien couvent des Carmes, et non dans l'ancienne église Saint-Jérôme, comme l'avait suggéré le reporter du *Journal de Toulouse* à la suite du compte rendu de la séance précédente du 30 germinal. Elle fut présidée par Picot de Lapeyrouse.

A six heures, l'orchestre commença par exécuter l'ouverture de l'opéra d'*Euphrosine*, par Méhul, associé correspondant.

Le discours d'ouverture fut prononcé par Carré, vice-président.

Tajan, associé résidant, lut des fragments d'un *Éloge historique de Bonaparte*, général en chef de l'armée d'Italie.

La comtesse de Beaufort-d'Hautpoul donna lecture d'une épître à Baour-Lormian.

Plusieurs autres pièces de vers furent récitées par leurs auteurs, et la séance se termina par un trio des *Noces de Dorine*[3].

La séance publique du 10 fructidor an VIII fut suivie d'une séance extraordinaire qui eut lieu le 30 de ce même mois (17 septembre 1800). On y prononça les éloges de trois membres du Lycée récemment décédés : Sabères, professeur de l'Académie de peinture, par Lambert Cammas; Jérôme Hadancourt, astronome du département, par le docteur-médecin Tournon, secrétaire du Lycée, et Jougla de

1. Registre des Procès-verbaux des séances, p. 72.
2. *Eod. lib*, p. 78.
3. *Eod. lib.*, pp. 84 et 85.

Paraza, ancien président à mortier du Parlement de Toulouse, par le préfet Richard. La mort subite de M. Henri-
Elisabeth Jougla, baron de Paraza, avait ému si vivement sa
femme née de Bonfontan, qu'elle ne put résister à la vio-
lence de la douleur. La fin dramatique de ces deux époux,
que la mort elle-même n'avait pu séparer, fut le sujet d'un
chant funèbre écrit par le poète Carré et mis en musique
par le citoyen Despouy. Il fut précédé de la lecture de quelques strophes *sur la mort de M^me de Paraza*, par le citoyen
Damin, associé résidant, et suivi d'une ode élégiaque *sur la
mort des citoyens Sabère, Hadancourt et Paraza*, par le
citoyen Casimir Jamme fils, associé résidant[1].

De nouveaux associés correspondants furent nommés à la
séance du 10 vendémiaire an IX (12 octobre 1800). Nous
distinguons dans la Classe des Lettres les noms de M^me d'Esparbès et d'Auguste Jamme[2].

Des nominations furent faites également dans la séance du
10 brumaire an IX (1^er novembre 1800), parmi lesquelles
celles des citoyens Théron, Furgole et Des Essarts pour les
Sciences; d'Escouloubre pour les Lettres[1] et Jacquemin, peintre, pour les Arts[3].

Des vacances assez nombreuses s'étant produites de nouveau parmi les membres résidants, il fut procédé le 20 brumaire an IX (11 novembre 1800) à plusieurs nominations,
notamment à celles des citoyens de Malaret, Prosper de
Reversac-Marsac et d'Auffréry l'aîné pour les Lettres, et
de Combettes pour la section du Commerce et de l'Agriculture[4].

Le Lycée ayant constaté que chaque année se soldait par
un excédent de recettes d'environ 400 francs, il fut décidé,
le 30 brumaire an IX (21 novembre 1800), que cette somme
serait affectée à deux prix de 200 francs chacun pour deux
classes et qu'une Commission serait chargée d'élaborer un

1. Registre des Procès-verbaux des séances, p. 89.
2. *Eod. lib.*, p. 91.
3. *Eod. lib.*, p. 93.
4. *Eod. lib.*, p. 93.

règlement des ouvrages présentés au concours[1]. Ce règlement
fut approuvé à la séance du 10 frimaire an IX (1er décembre
1800[2].) Toutes personnes de l'un et de l'autre sexe, de quelque
pays qu'elles fussent, pouvaient aspirer aux prix à l'exception
des membres du Lycée. Il était nommé un rapporteur pour
chaque ouvrage ; puis, l'assemblée discutait verbalement les
mérites et les défauts de l'ouvrage et opinait ensuite par un
bulletin sur lequel chacun écrivait la classe *première*,
*seconde* ou *troisième* dont il appréciait que l'ouvrage était
digne. Le triage étant ainsi fait, il était nommé un rapporteur et un vérificateur aux ouvrages restés au rang utile,
qui étaient de nouveau examinés et *jugés séparément* à la
pluralité des suffrages. Les ouvrages qui montaient à la première classe concouraient entre eux pour le prix. Pour
décider de la prééminence entre ces ouvrages, chacun d'eux
était remis à un rapporteur spécial qui devait « l'examiner
mûrement *chez lui* », puis le lire en entier à l'assemblée et
en « faire le rapport à charge et à décharge ». Après ce rapport, en assemblée générale et sans autre discussion, on
passait au scrutin, et l'ouvrage qui obtenait le plus de suffrages remportait le prix.

Ce prix était de 200 francs en numéraire ou en une médaille d'or de la même valeur, au choix du lauréat. La
médaille représentait d'un côté le sceau du Lycée et de l'autre le millésime de l'année et le nom de l'auteur avec un ornement de laurier.

Parmi les associés correspondants proposés à la séance
du 20 frimaire an IX (11 décembre 1800) et nommés à la
séance du 20 vendémiaire suivant[3], nous trouvons deux
Toulousains qui n'habitaient plus Toulouse, tel que Cazad,
peintre, devenu administrateur du Musée spécial de Versailles, et Bouton, artiste peintre miniaturiste à Paris.

Conformément aux statuts, il fut procédé le 30 frimaire
an IX (21 décembre 1800) au renouvellement du Bureau.

1. Registre des Procès-verbaux des séances, p. 95.
2. *Eod. lib.*, pp. 95 à 98.
3. *Eod. lib.*, pp. 99 et 100.

Alexandre Jamme fut nommé président, Dupin Saint-André vice-président, et Tournon secrétaire. Marie fut maintenu trésorier[1].

Le choix d'Alexandre Jamme comme président s'imposait par sa capacité et sa notoriété.

C'était un juriste distingué dont les succès universitaires avaient été si exceptionnels qu'ils lui avaient valu le titre de « chevalier ès lois », et ce titre n'avait été accordé qu'une fois depuis sa création à Blaise d'Auriol, en 1522. Alexandre Jamme s'était fait également remarquer comme poète; et, après avoir remporté plusieurs fleurs à l'Académie des Jeux Floraux, des lettres de maître ès jeux lui avaient été accordées le 21 avril 1769. Devenu un des avocats les plus brillants du Parlement de Toulouse, il avait plaidé avec succès plusieurs causes célèbres, lorsqu'il fut appelé à défendre l'Ordre dont il faisait partie, à la suite de sa protestation contre les édits de 1788 qui venaient de bouleverser les Parlements, et il y avait si bien réussi que ses confrères reconnaissants lui avaient décerné une médaille commémorative avec le titre de : *Orator Patriæ*.

La présidence du citoyen Jamme devait être brillante, mais peu fructueuse. Le *Lycée* dégénérait, malgré les efforts de certains membres pour le faire progresser[2].

Sur le rapport du citoyen Pinaud, il fut statué de nouveau à la séance du 10 nivôse an IX (31 décembre 1800) sur l'admission des correspondants[3]. D'après les nouveaux règlements proposés, tout associé correspondant qui avait passé cinq années sans envoyer d'ouvrage au Lycée ou sans en publier devait cesser d'être compté parmi ses membres (article 3).

Par l'article suivant, il était établi une Classe d'associés honoraires, composée de trente-deux membres, soit Français, soit étrangers, dont huit pour chaque section du Lycée, les-

---

1. Registre des Procès-verbaux des séances, p. 100.
2. Séance du 20 nivôse an IX. Registre des Procès-verbaux des séances, p. 103.
3. Registre des Procès-verbaux des séances, pp. 101 et 102.

quels ne pouvaient être pris que parmi les personnages les
plus avantageusement connus dans leur spécialité. Ces Associés honoraires devaient jouir de tous les droits des anciens
associés résidants. Leur désignation fut fixée à la séance
suivante du 20 nivôse. Mais il ne fut pas donné suite à
cette décision [1].

Un membre proposa, à la séance du 20 nivôse an IX
(10 janvier 1801), d'inviter les musiciens adjoints au Lycée
à venir une fois par mois exécuter dans le lieu de ses séances des morceaux de musique afin de se préparer à rendre
plus brillantes les séances publiques. Une Commission fut
chargée d'aviser aux moyens d'exécuter cette proposition [2].
A la séance suivante du 30 nivôse (20 janvier 1901), elle fit
part de ses démarches infructueuses pour obtenir des musiciens membres du Lycée qu'ils donnassent un concert men-
suel, et le projet fut ajourné [3].

Le citoyen Vignole, ancien membre de l'Administration municipale aux débuts de la Révolution, fit part à la
réunion du 10 pluviôse an IX (30 janvier 1801) d'un projet
d'établissement d'une banque à Toulouse. Elle aurait cent
actions de 15.000 francs chacune, et le cautionnement du
capital souscrit serait hypothéqué sur des immeubles libres.
Ce Mémoire contenait des vues très intéressantes sur la position commerciale de Toulouse et sur les moyens d'activer
le commerce dans cette ville. Il fut très apprécié par le
Lycée qui nomma une Commission pour examiner le projet
présenté par le citoyen Vignole [4].

Sur ces entrefaites, un des membres correspondants les
plus qualifiés du Lycée de Toulouse, Chaptal, venait d'être
nommé ministre de l'Intérieur. Le président fut chargé de
lui envoyer une lettre de félicitations [5], à laquelle Chaptal
répondit par un aimable remerciement.

1. Registres des procès-verbaux des séances, pp. 107 et 177.
2. Eod. lib., p. 103.
3. Eod. lib., p. 104.
4. Eod. lib., p. 105.
5. Eod. lib., p. 106, séance du 20 pluviôse, an IX (9 février 1801).

Il fut délibéré, dans la séance du 20 pluviôse an IX (9 février 1801), que les diplômes que le Lycée expédierait à l'avenir aux associés résidants et correspondants seraient ainsi conçus :

EXTRAIT

## DES REGISTRES DES DÉLIBÉRATIONS

### DU LYCÉE DE TOULOUSE.

*Le Lycée a sursis dans une séance du       an à une place d'associé dans la classe d       . Il espère qu'       voudra bien contribuer par ses ouvrages aux progrès des siences et des arts.*

*,   président ;*
*,   vice-président ;*
*,  } secrétaires.*

Toulouse, le          an         de la République française[1].

Parmi les associés correspondants nommés à la séance du 20 ventôse an IX (11 mars 1801), figure un peintre de Toulouse, Gazard, devenu administrateur du Musée de Versailles[2].

Dans la séance du 10 germinal an IX, la Classe de Commerce et d'Agriculture proposa comme sujet du concours pour l'an XI la question suivante : *Quels sont les meilleurs moyens pour faire fleurir le commerce à Toulouse ?* « Le Lycée désire que les auteurs portent leurs vues sur les avantages que présentent le canal du Midi, la Garonne, les Pyrénées, les mines qu'elles renferment et les divers établissements qui peuvent être formés à Toulouse d'après sa situation. Il désire aussi qu'ils pèsent sur les rapports de ce département avec l'Espagne et sur ceux qu'il pourrait avoir avec le Levant et l'Egypte[3]. » Ce sujet avait été évidemment

1. Registre des Procès-verbaux des séances, p. 106.
2. *Eod. lib.*, pp. 107 et 117.
3. *Eod. lib.*, p. 111.

inspiré par le Mémoire du citoyen Vignole. Il devait rester sans réponse.

Le citoyen Monlon égaya cette soirée par une chanson ayant pour titre: *Parallèle des malheurs de l'ancien Gouvernement avec la félicité que nous promet le nouveau.*

.·.

La première séance publique réglementaire de l'an IX se tint le 30 germinal (20 avril 1801)[1].

Elle fut présidée par le citoyen Alexandre Jamme, président du Lycée. Son discours d'ouverture fut un véritable dithyrambe en l'honneur du Lycée qui « peut enfin se dégager des langes de l'enfance et revêtir la robe virile ». Il parla de la suppression des Académies et s'en déclara « affligé »; mais il ajouta que le Lycée était animé du même esprit et poursuivait la même route. Il fit appel aux poètes des deux sexes pour les encourager à briguer l'un des « deux prix distribués tous les ans, le 30 germinal, aux talens vainqueurs », et il indiqua le sujet de prose qui devait être traité l'année suivante. Il parla ensuite de la situation politique qui s'améliorait chaque jour pour le grand profit des lettres, des sciences et des arts : « C'est après une longue guerre, dit-il, et surtout après une grande révolution que les esprits sont capables d'enfanter des chefs-d'œuvre dans tous les genres. » Il exalta les mérites du « vainqueur de Marengo », donnant à la France une paix glorieuse, conquise par tant de victoires. Enfin, il termina son discours en prose par quelques vers dont voici le dernier trait :

Le Héros qui préside aux destins de la France
Est juste, humain, bienfaisant, généreux;
De l'Europe il tient la balance,
La vertu siége dans son cœur.
La paix est à ses yeux la plus belle victoire,
France, à te rendre heureuse il met toute sa gloire.
Nous veillons sur ses jours; il veille à ton bonheur.

1. Registre des Procès-verbaux des séances, p. 114.

Ce discours fut suivi du « Rapport des travaux du Lycée depuis le 10 fructidor an VIII jusqu'au 1er germinal an IX » par le médecin D.-J. Tournon, l'un des deux secrétaires. C'était une revue très complète des lectures qui avaient été faites soit en prose, soit en vers, et des communications qui avaient été adressées par des médecins, des chimistes, des inventeurs. Plusieurs de ces communications étaient vrai ment intéressantes, par exemple celle qui décida le Lycée à former une Commission permanente de santé ayant les mêmes attributions que les Bureaux de Santé de Paris, de Lyon, de Marseille, etc., dont Toulouse était privé. Il faut aussi citer un rapport sur les méthodes employées par l'abbé de l'Épée à Paris et l'abbé du Bourg à Toulouse, perfectionnées par l'abbé Sicard, pour communiquer avec les sourds et muets de naissance; les perfectionnements de la boussole par le citoyen Vidal; les procédés du comte de Rumford pour la construction des fourneaux qui ont donné lieu aux « Soupes économiques à la Rumford »; deux Mémoires sur la Vaccine par le chirurgien Tarbès. En ce moment, l'attention de l'Europe entière s'était portée sur la découverte de Jenner. Mais le Lycée de Toulouse ne voulut prendre aucune détermination à son sujet, « persuadé qu'une découverte de cette importance ne peut être constatée qu'après un grand nombre d'années et d'expériences faites sans prévention, sans partialité et sans enthousiasme ».

La partie littéraire avait été particulièrement abondante. On avait surtout remarqué une épître du citoyen Ruffat sur les *Devoirs respectifs des maîtres et des élèves;* une ode morale de l'abbé Gaye; une épître en vers du citoyen Carré sur *l'Urbanité française;* plusieurs contes d'Henri Boilleau; une épître du citoyen Taverne, aux *Manes de Fenelon.* Deux pièces morales avaient encore fixé l'attention du Lycée: l'une, intitulée *le Clocher,* avait pour auteur Auguste Jamme; l'autre était du citoyen Laborde-Roncal et avait pour titre: *Considerations sur la Religion par rapport aux particuliers et à l'Etat.* Ce dernier avait encore lu une hymne à

la *Mélancolie* et une épître en vers, intitulée : *A nos Insti-
tuteurs*.

Le Recueil rapporte plusieurs de ces pièces. Elles justifient
cette appréciation du président Auguste Jamme : « L'éclat
des rimes a été porté au plus haut degré. Les sciences
exactes ont fait des pas de géant. Mais la poésie et l'éloquence ont rétrogradé... Il n'y a jamais eu autant de vers,
et jamais peut-être on n'a trouvé aussi peu de poésie... »

Les Mémoires scientifiques qui eurent les honneurs de
l'impression au *Recueil* furent un Mémoire sur *l'Aimant*, par
le citoyen Vidal, astronome, associé résidant; un Mémoire
du même sur un *Catalogue de 888 étoiles australes;* enfin,
un Mémoire du médecin Tournon sur des plantes aquatiques
et, en particulier, sur la *Vallisneria spiralis*, trouvée en
fleur dans le canal du Languedoc, près le pont des Demoi-
selles, à Toulouse, et dont les mœurs curieuses sont ainsi
racontées par René Richard-Cartel dans son poëme sur *les
Plantes :*

> Le Rhône impétueux, sous son onde écumante,
> Durant dix mois entiers nous dérobe une Plante
> Dont la tige s'allonge en la saison d'amour,
> Monte au-dessus des flots et brille aux yeux du jour.
> Les mâles, jusqu'alors dans le fond immobiles,
> De leurs liens trop courts brisent les nœuds débiles,
> Voguent vers leur amante et, libres dans leurs feux,
> Lui forment sur le fleuve un cortège nombreux.
> On dirait une fête où le dieu Hyménée
> Promène sur les flots sa pompe fortunée.
> Mais, les temps de Vénus une fois accomplis,
> Sa tige se retire en rapprochant ses plis,
> Et va mûrir sous l'eau sa semence féconde.

Le renouvellement du Bureau pour l'année suivante appela
à la présidence le préfet Richard et à la vice-présidence le
sculpteur François Lucas. Le citoyen Tajan fut nommé
secrétaire[1].

1. Registre des Procès-verbaux des séances, p. 121.

Le préfet Richard exerçait ses fonctions à Toulouse depuis quelques mois seulement et Auguste Jamme lui avait rendu hommage en ces termes dans son *Essai sur les hommes illustres de la ville de Toulouse* : « Le soleil de Justice qui vient de se lever sur la France a réchauffé les arts et ranimé les sciences; et le littérateur, le militaire, l'homme d'Etat que le Destin nous a envoyé pour présider spécialement au bonheur de cette ville, a déjà répandu sur tout ce qui l'entoure cette douce influence d'un esprit conciliateur qui sait si bien inspirer la confiance et commander le respect. Sa présence a effacé la flétrissure de l'âme; tous les cœurs honnêtes s'ouvrent à des sensations trop longtemps comprimées, et sentent une espèce de renaissance. C'est ainsi qu'après un long orage, un beau jour semble rajeunir la nature et la console des ravages qu'elle vient d'essuyer. » Le préfet Richard devait, en effet, fermer bien des plaies et réparer bien des iniquités qui s'étaient commises pendant la période révolutionnaire, notamment pendant la tyrannie des Jacobins dont il avait fait partie.

Le vice-président du Lycée, François Lucas, était le frère aîné du peintre Jean-Paul Lucas, que nous avons montré créant le Muséum, aujourd'hui le Musée de Toulouse, et y centralisant toutes les œuvres d'art provenant des anciens établissements religieux. C'était un sculpteur de grand mérite; il a laissé de nombreuses œuvres d'art, parmi lesquelles plusieurs sont remarquables par l'idée créatrice comme par l'exécution.

Quant au secrétaire Tajan, nous l'avons déjà vu procéder, et son zèle ne devait pas diminuer. Il était un des plus agissants parmi les membres du Lycée.

Le préfet Richard ne put remplir exactement ses fonctions de président et la séance publique du 10 fructidor an IX (28 août 1801) fut présidée par François Lucas, qui prononça le discours d'ouverture. Cette séance débuta, comme les précédentes, par une symphonie et fut accompagnée de chants et de morceaux de musique. Le secrétaire B. Tajan y fit le rapport des travaux du Lycée depuis le 1er germinal jusqu'au 1er fructidor an IX. Mme Julie Crabère présenta une pièce de vers *A Madame d'Hautpoul* et une autre sur le *Couronnement d'une rosière*. Et le citoyen Carré lut une notice historique, écrite par le citoyen Lambert Cammas sur feu Phe Gleyzes, ingénieur du Canal, professeur de stéorotomie et de géométrie pratique à l'Ecole des Arts[1].

A la séance suivante du 20 fructidor an IX (7 septembre 1801), on voit le citoyen Abadie présenter au Lycée une pompe à feu dont il était l'inventeur[2]. Mme Puyligneux fait don au Lycée d'un buste dont elle est remerciée à la séance du 30 vendémiaire an X (22 octobre 1801)[3]. A cette même séance, le secrétaire Tajan donne lecture d'une épître de Mme de Beauharnais au Lycée de Toulouse.

.·.

Il est procédé, le 30 frimaire an X (21 novembre 1801), au renouvellement du Bureau. Le citoyen Vignoles est élu président, le citoyen Malliot vice-président, et le citoyen Adam Klewanski secrétaire[4].

Nous avons déjà fait connaître Malliot.

Nous avons également montré Vignoles, faisant partie de l'administration municipale aux débuts de la Révolution et s'intéressant aux intérêts économiques de la ville de Toulouse.

Quant à Adam Klewanski, il passait pour être le fils naturel d'un prince polonais qui lui servait une assez grosse pension. Il était venu s'établir à Toulouse depuis quelques années. Il s'y était lié avec Paul-Louis Courier qui avait pour lui une grande estime et une véritable affection, ainsi qu'en témoignent plusieurs lettres à son adresse datées de 1798 et 1799. C'était un antiquisant, comme Paul-Louis Courier, et probablement aussi un hellénisant, car Paul-Louis Courier émaille ses lettres à Klewanski de mots grecs et de

1. Registre des procès-verbaux des séances, p. 127.
2. *Eod. lib.*, p. 128.
3. *Eod. lib.*, pp. 130 et 131.
4. *Eod. lib.*, p. 136.

citations latines, et lui communique ses découvertes épigraphiques. Pour l'auteur des *Satires toulousains*, c'était, au contraire, un homme « bien morne, bien froid, bien monotone, grand écrivailleur de notices, grand amateur de spectacles, grand littérateur, grand politique : il brille, ajoutait-il, dans le style épistolaire, dans la critique, et, malgré tous ces talents, il baille toute la journée, il court toutes les rues, se trouve en même temps au parterre et au café, et finit par porter son ennui, son pédantisme, sa lorgnette et ses grimaces chez le libraire Devers, dont la boutique est un bureau d'esprit. » Il s'était fixé complètement à Toulouse, car, vers 1825, il était attaqué, avec d'autres hommes de lettres, par la *Revue méridionale* de d'Aldéguier, à laquelle répondit un dessin satirique où l'on voit d'Aldéguier châtié par ses voisins et dont l'original se trouvait, il y a quelques années, dans la collection Mazzoli[1].

Dans les séances qui suivent, nous voyons la Classe des littérateurs faire d'intéressantes communications. Ainsi, le citoyen Aillaud, membre correspondant, soumet à l'appréciation du Lycée le premier chant de son poème intitulé l'*Égyptiade;* le citoyen Chastenet d'Estère envoie deux exemplaires de son ouvrage intitulé *Précis du régiment de Crète-Dragons*, le citoyen Chantevau, professeur d'histoire à l'École centrale du département du Gers, communique le programme d'un grand ouvrage qu'il préparait sur l'histoire du monde.

À la séance du 6 pluviôse an X (26 janvier 1802), un membre fait une motion d'ordre. Il dit « qu'à l'époque où des idées saines et tutélaires reprennent la place que les malheurs des temps leur avait fait perdre, il convenait au Lycée de ne pas négliger de les accueillir; que l'hommage rendu aujourd'hui publiquement aux morts était la plus forte preuve de ce retour souhaité; que cet acte était religieux et social; qu'il tendait à serrer les liens entre les personnes que d'autres nœuds unissent, puisqu'il témoigne qu'en mourant elles n'emporte point tout avec elles; que

1. Communication de M. Ader.

cet hommage marque l'intérêt qu'elles inspirent, et qu'en
accompagnant l'homme à sa dernière demeure on lui
prouve le cas qu'on faisait de sa personne, de ses vertus et
de ses talents; que l'usage de suivre à la sépulture un
membre était depuis longtemps celui de l'Institut national
de France; que l'exemple de ce corps distingué pouvait
servir de règle et de guide dans cette triste occasion ».
Mais ce n'est pas seulement à ce pieux office que devaient
se borner les soins de l'assemblée, ajoutait le demandeur.
« Si l'hommage à rendre aux morts devait rentrer dans ses
vues, il n'était pas moins conforme à l'esprit d'union,
d'amitié et de confraternité qui devait animer tous ses membres de montrer ces sentiments tendres et bienveillants lorsque des maladies graves et dangereuses viennent affliger
quelqu'un d'entre eux; qu'il est donné à l'homme forcé par
la douleur d'apprendre qu'elle est partagée, et que des démarches publiques d'un intérêt commun doivent porter
plus de soulagement que des consolations privées; qu'il est
de l'honneur des Sciences, des Lettres et des Arts de prouver que, si elles sont le plus noble but et le plus beau moyen
d'association parmi les hommes, la sensibilité pour ceux que
leur nom réunit est en raison de la beauté de leur réunion. »
D'après ces considérations, le membre qui les avait pré-
sentées proposait : « que dans le cas où un membre de l'assemblée serait affligé par quelque maladie grave et dange-
reuse, le Bureau du Lycée, en tout ou en partie, se transpor-
terait chez le malade dès qu'il aurait connaissance de son
état pour prendre des renseignements sur sa situation et
pour en faire part dans une assemblée décadaire au Lycée;
il témoignerait au malade l'intérêt que le Corps prend à sa
situation et les vœux qu'il fait pour son rétablissement; en
cas de décès d'un sociétaire, le Lycée assisterait par une
députation prise dans son sein aux funérailles du décédé; la députation suivrait le corps du décédé jusqu'au
lieu de sa sépulture; il serait rendu compte dans la séance
décadaire qui suivrait le jour de la cérémonie de l'exécution de la mesure ordonnée et de la manière dont elle

l'aurait été; le jour du décadi qui suivrait celui de l'enterre-
ment du décédé du Lycée, les membres de l'assemblée se
réuniraient à l'heure accoutumée dans le lieu de leurs
séances où serait placée une urne funéraire ou cénotaphe;
le président prononcerait l'éloge du défunt. »

Cette proposition ne put être discutée qu'à la séance du
30 pluviôse an X (19 février 1702) et, après quelques observations, l'assemblée désigna les citoyens Taverne et Dallas
pour « lui présenter un mode d'honorer les cendres de ses
membres en cas de décès [2] ».

Peu après, deux membres associés étant venus à mourir,
le Lycée décidait que des lettres de regrets seraient envoyées
à leur famille et que leur éloge serait prononcé à la séance
publique du 30 germinal suivant [3].

Dans les séances particulières du mois de ventôse an X,
il fut procédé par les diverses Classes du Lycée au jugement des ouvrages renvoyés au concours.

La Classe des Lettres distingua deux poèmes en vers, intitulés l'un *Thyrza au tombeau d'Abel* et l'autre la *Mort
d'Atala*. Mais, finalement, ces poèmes ne furent pas couronnés parce qu'ils manquaient d'originalité et parce que
leur style laissait à désirer. L'héroïde sur la mort d'Atala
fut cependant jugée digne d'un encouragement; et, comme
les règlements n'autorisaient pas ce genre de récompenses,
il fut décidé de demander au Lycée d'accorder des prix d'encouragement aux ouvrages qui, n'ayant pu obtenir le prix
ordinaire, mériteraient cependant d'être distingués en quelque partie [4]. Des membres de la Commission protestèrent
contre cette décision et en appelèrent au Lycée, qui l'an-
nula dans la séance générale du 30 ventôse an X (21 mars
1802) [5].

La Classe du Commerce déclara à son tour qu'il n'y avait

---

1. Registre des procès-verbaux des séances, pp. 142, 143 et 144.
2. *Eod. lib.*, p. 148.
3. *Eod. lib.*, p. 148.
4. *Eod. lib.*, pp. 152, 153 et 154.
5. *Eod. lib.*, p. 156.

pas lieu de décerner de prix, les ouvrages envoyés n'ayant pas obtenu les suffrages réglementaires[1].

Le sujet de prix désigné pour l'année suivante (an XI), par la Classe des Sciences fut : *La meilleure méthode d'observer la déclinaison de la boussole en terre ferme, de manière à obtenir la connaissance de cette déclinaison, tout à la fois avec certitude et avec précision, même en ayant égard à la variation diurne de l'aiguille aimantée.*

La Classe des Arts avait projeté de proposer pour son sujet un tableau représentant *Auguste fermant le temple de Janus.* C'était évidemment une allégorie de circonstance. Mais elle dut y renoncer « à son grand regret, vu les déboursés que ce sujet aurait imposés au peintre ». Elle s'était par suite arrêtée à un dessin représentant un *Arc triomphal de trente mètres de long à ériger au premier consul Bonaparte.* Cette proposition fut ratifiée par le Lycée[2].

.  .

Nous n'avons que des renseignements sommaires sur la séance publique du 30 germinal an X (25 avril 1802). Elle fut présidée par le citoyen Vignoles, président du Lycée, qui prononça le discours d'usage. Le secrétaire Adam Klewansky lut la notice sur les travaux du Lycée depuis le 10 fructidor an IX (28 août 1801) jusqu'au 20 germinal an X (15 avril 1802) et fit le rapport sur le jugement des ouvrages de poésie présentés au concours. Plusieurs morceaux de littérature furent récités, notamment : par Carré, qui lut la traduction en vers du début du livre 13 du *Prædium rusticum;* par Labouïsse Rochefort, qui lut une pièce en vers ayant pour titre l'*Orage,* traduite de Métastase ; par Boilleau, qui lut un conte intitulé *Les Prières;* et par Tajan, qui lut une notice sur le poète Goudelin, œuvre d'un associé correspondant nommé Naylies. M^me Thoinard d'Esparbès (la comtesse d'Es-

1. Registre des procès-verbaux des séances, p. 159.
2. *Eod. lib.,* p. 159.

parbès) s'excusa « de ne pouvoir contribuer par son travail au succès de la séance ».

La musique ne fut pas négligée. Elle débuta par l'ouverture du *Calife de Bagdad* et continua par des chants, des morceaux de flûte et d'autres œuvres d'auteurs célèbres et d'auteurs locaux[1].

.·.

Des germes de discorde existaient depuis quelque temps dans le Lycée. Ils se manifestèrent plus particulièrement à l'occasion de la séance du 30 germinal an X (25 avril 1802), et l'un des membres résidants, le citoyen Monlon, fut « suspendu pour six mois de son droit de siéger dans l'assemblée[2] ». D'autre part, on se plaignait de l'insuffisance des règlements, de l'inassiduité aux séances des membres du Lycée, de la médiocrité de leurs travaux et de leur négligence à payer les cotisations. Des modifications étaient demandées. Sans cesse retardées, elles furent surtout imposées par les événements politiques et par les décisions législatives qui venaient de se produire.

1. Registre des Procès-verbaux des séances, pp. 159, 160 et 161.
2. Séances des 10 floréal (30 avril) et 20 floréal (10 mai) an X (1802). Registre des Procès-verbaux des séances, pp. 161, 162 et 163.

# L'ATHÉNÉE

On se rappelle les vers célèbres de Victor Hugo :

> Ce siècle avait deux ans : Rome remplaçait Sparte;
> Déjà Napoléon perçait sous Bonaparte.

A partir de cette époque, la plupart des institutions qui s'étaient formées sous la Révolution se mirent à abandonner leur étiquette républicaine. Quelques-unes même changèrent complètement de nom. Il en fut notamment ainsi du *Lycée républicain* de Paris, qui décida de ne plus s'appeler que l'*Athénée* tout court. En agissant ainsi, il ne faisait d'ailleurs que devancer l'interdiction qui fut faite par l'arrêté du 16 floréal an XI (6 mai 1803) à toute Société particulière de prendre ou de garder le nom de *Lycée*, ce nom devant être désormais réservé aux établissements nationaux d'enseignement secondaire, en ce moment appelés « Écoles centrales ».

Une semblable décision dut être prise par le Lycée de Toulouse, qui chargea son Comité d'examen et rapports, le 10 floréal an X (30 avril 1802), de chercher un nouveau nom à prendre [1].

D'autre part, la loi du 28 germinal an X (18 mars 1802) avait rétabli l'ancienne manière de diviser les mois ; et l'Institut national, à Paris, ainsi que plusieurs autres Sociétés littéraires ou savantes de France s'y étaient conformés pour régler l'ordre et le jour de leurs séances.

1. *Registre des procès-verbaux des séances*, p. 161.

Le Comité d'examen et rapports fut également appelé à donner son appréciation sur cette réorganisation et chargé de rédiger un plan de règlement nouveau pour son régime intérieur.

En attendant, la Société prit, le 20 floréal an X (10 mai 1802), le titre de *Société des Sciences, Belles-Lettres et Arts de Toulouse* et transporta au dimanche le jour de la réunion générale de la Société jusque-là fixée à chaque décadi. Seulement, cette réunion générale ne devait avoir lieu que chaque quinze jours, tandis que les Classes particulières s'assemblaient toutes les semaines, savoir : la Classe de Littérature, chaque lundi; celle des Sciences, chaque mercredi; celle des Arts, chaque jeudi; et la Classe de Commerce, chaque vendredi [1].

Conformément à son nouveau règlement, la Société tint sa « première séance générale ordinaire » le dimanche 26 floréal an X (16 mai 1802), et, après une courte discussion, elle décida de prendre le nom définitif d'ATHÉNÉE, comme l'avait déjà fait le Lycée de Paris [2].

Le 24 prairial an X (13 juin 1802), il fut procédé au renouvellement du bureau. Le citoyen d'Escouloubre fut élu président de l'Athénée; mais il s'excusa de ne pouvoir remplir ces fonctions et il fut remplacé séance tenante par le citoyen Laupies qui déclina également cette charge. Ce fut le citoyen Dupérier qui fut alors nommé. Le citoyen Dast fut ensuite élu vice-président et le citoyen Bailly secrétaire [3]. Mais ni Dupérier ni Dast n'étaient présents, et la séance fut présidée par le citoyen Malliot, ancien vice-président.

Sur l'observation d'un des membres que la fixation des

1. *Registre des procès-verbaux des séances*, pp. 162 et suiv.
2. Dans sa *Notice sur Jean-Pierre Pagès* (de l'Ariège), (*Mémoires de l'Académie des Sciences de Toulouse*, 6ᵉ série, t. V, p. 365), M. Gatien-Arnoult dit qu'il ignorait les détails de la transformation du Lycée en *Athénée*. Il aurait pu se renseigner avec le *Registre des procès-verbaux du Lycée*, plus tard *Athénée*, conservé aux Archives municipales de Toulouse (Donjon du Capitole); mais il en ignorait l'existence.
3. *Registre des procès-verbaux*, pp. 166 et 167.

réunions, en séance générale, au premier et troisième dimanches de chaque mois pouvait donner lieu à des erreurs, la Société arrêta de se réunir désormais chaque lundi.

Puis, conformément au règlement qui plaçait à la fin de chaque trimestre la nomination des associés correspondants, elle nomma en cette qualité, dans la Classe des Sciences, le citoyen Double, professeur à la Faculté de médecine de Montpellier, et dans la Classe des Arts, le citoyen Mercadier jeune, ingénieur des ponts à Château-Thierry [1].

Dans la séance du 2 messidor 'an X (21 juin 1802), un membre se plaint que beaucoup de membres résidents n'assistent pas aux séances, ne contribuent pas « à sa gloire et à son illustration », et ne paient même plus leurs cotisations, ce qui diminue d'autant les ressources de la Société, notamment pour faire face aux quatre prix de 200 francs chacun qu'elle décerne chaque année. En conséquence, il propose que les défaillants soient mis en demeure d'exécuter leurs obligations, faute de quoi ils seront mis dans la Classe des associés correspondants. Aucune décision n'est prise et l'assemblée décide que la Société sera convoquée d'une façon toute spéciale pour statuer sur cette proposition [2].

Le citoyen Dupérier, précédemment nommé président, assiste à la séance du 9 messidor an X (28 juin 1802) et, en prenant possession de son siège, lit un discours de remerciement qui est fort goûté. Un membre en prend occasion pour demander qu'à l'avenir les présidents agissent de même pour rehausser l'éclat de la Société. Mais l'Athénée ne prend aucune décision à cet égard [3].

La Société élit comme membres correspondants dans la Classe des Sciences les citoyens Jean-Gabriel Dessoles, membre du jury d'instruction publique au département de la Haute-Garonne, et Guillaume Dubernard, homme de loi ; dans la Classe des Lettres, les citoyens Auguste Dastarac,

1. *Registre des procès-verbaux des séances*, pp. 167 et 168.
2. *Ibid.*, pp. 169, 170, 173, 177.
3. *Registre des délibérations*, pp. 171 et 172.

ancien officier de génie, et Clausolles, ancien professeur de grammaire générale à l'Ecole centrale du département de l'Ariège, professeur et co-directeur du Pensionnat établi au ci-devant collège de Périgord, à Toulouse; enfin, dans la Classe du Commerce et de l'Agriculture, le citoyen Corbeau, propriétaire, ancien négociant, propriétaire à Toulouse.

La Société constate avec regret que ses séances ayant été peu suivies, les travaux s'en sont ressentis et qu'elle ne tiendra pas sa séance publique fixée par le règlement au 20 messidor prochain[1].

Les citoyens Causse et Cammas ayant demandé à passer dans la Classe des associés correspondants, sont remplacés. L'assemblée admet comme membres les citoyens Rivet, Clausade, Mercadier, Castellane père et Castellane fils[2].

Des tiraillements s'étaient produits dans l'Athénée. Ses membres devenaient de plus en plus inassidus. Le Conseil général du département l'accusa de méconnaître ses devoirs et de donner le spectacle d'une société indifférente au bien et à l'avantage de ses concitoyens. L'Athénée s'en émut; mais elle déclara vouloir attendre qu'une communication officielle lui fût faite à cet égard. En attendant, elle chargea son Comité de reviser son règlement, dont l'imperfection était journellement constatée[3].

Dans la séance du 30 messidor an X (19 juillet 1902), il fut de nouveau question de l'accusation portée contre l'Athénée par deux membres du Conseil général, et l'assemblée chargea quatre commissaires d'envoyer une lettre justificative au Ministre de l'Intérieur; ces quatre commissaires furent : pour la Classe des Sciences, le citoyen Dufey; pour la Classe de Littérature, le citoyen Klewansky; pour la Classe

1. *Registre des procès-verbaux des séances*, p. 173.
2. Séance du 16 messidor an X, p. 175 du *Registre des procès-verbaux*.
3. Séance du 23 messidor an X (12 juillet 1802), pp. 177, 178, 180 et 181 du *Registre des procès-verbaux*.

des Arts, le citoyen Laupies; et pour la Classe d'Agriculture et du Commerce, le citoyen Dast[1].

Le président, M. Dupérier, prononce l'éloge de M. Boutaric d'Azas, associé résident pour la Classe des Arts, décédé
à Toulouse le 25 messidor[2]. M. Boutaric d'Azas s'occupant
surtout de mécanique, et l'Athénée, dans sa séance du
21 thermidor, demanda à sa fille, M^me de Brueys, de lui
donner communication de ses Mémoires pour les conserver
dans ses archives[3].

Plusieurs associés correspondants sont nommés dans la
séance du 14 thermidor an X (2 août 1802)[4]; ce sont : dans
la Classe des Arts, les citoyens Rivet, ingénieur géogra-
phe; Clauzade père, ingénieur en chef du canal du Midi, et
M^lle Anne Cammas; dans la Classe des Sciences, les citoyens
Laviguerie, Roucoule et Barrué[5].

L'Athénée tint sa séance publique réglementaire le 30 thermidor an X (18 août 1802), sous la présidence du citoyen
Dupérier qui prononça le discours d'ouverture.

On y applaudit une petite fille de neuf ans et demi,
M^lle Gracieuse Bause, qui exécuta sur le piano une sonate
de la composition du sieur Causse, associé correspondant.

M^me Julie Crabère lut un poème intitulé : *Télésille*; le
citoyen Carré un poème sur la paix; le citoyen Gaspard Lafont une épitre à son neveu qui veut se faire médecin, et
le citoyen Joseph Despase une satire sur les mœurs.

Plusieurs morceaux de musique et de chant furent exécutés, ainsi qu'une symphonie à grand orchestre.

Le secrétaire Adam Klevansky présenta la résumption des
travaux de la Société[6].

Dans la séance du 19 fructidor an X (6 sept. 1802), il est

1. *Registre des procès-verbaux des séances*, pp. 181, 182 et 184.
2. *Ibid.*, p. 179.
3. *Ibid.*, pp. 193 et 197.
4. *Ibid.*, p. 185.
5. *Ibid.*, pp. 187 et 191.
6. *Ibid.*, pp. 191 et 192.

procédé au remplacement de plusieurs résidents, savoir :
dans la Classe des Lettres, le citoyen d'Azàs de Boutaric par
le citoyen Barrué, homme de loi, et le citoyen Picot de Lapeyrouse, membre de l'Institut national, par le citoyen Castellane père dans la Classe des Sciences; les citoyens Robert et Artaud par le citoyen Hardy, ancien architecte et
membre de l'ancienne Académie des Arts, et par le citoyen
Bidart, orfèvre, dans la Classe des Arts[1].

Parmi les nouveaux associés correspondants proposés à la
séance du 9 nivôse an XI (30 décembre 1802), on remarque
« le citoyen Delille, auteur de la traduction des *Géorgiques*
de Virgile, professeur de littérature au Collège de France,
et le citoyen Chateaubriand, auteur du *Génie du christianisme*[2] ».

Le citoyen Vidal, astronome, est nommé président de
l'Athénée. Il s'excuse de ne pouvoir remplir ces fonctions à
cause de ses occupations absorbantes. Il est décidé que « le
fauteuil de la présidence restera vacant pendant tout le
semestre courant, l'Athénée voulant par là rendre hommage
aux grandes connaissances du cⁿ Vidal[3] ».

Dans la séance du 14 pluviôse an XI (3 février 1803), un
membre propose d'organiser l'Athénée, « autant que faire se
peut », suivant la nouvelle division qui va s'opérer à l'Institut national de France. Cette proposition est favorablement
accueillie; mais, comme elle est d'intérêt général et qu'elle
tend à faire refleurir dans Toulouse les Académies qui s'y
trouvaient établies à l'époque de la Révolution, la discussion
en est renvoyée à la séance suivante, et « les membres seront
invités par une circulaire de se rendre à cette séance[4] ».

Une Commission de quatre membres fut nommée le
21 pluviôse an XI (10 février 1803) pour étudier cette nouvelle organisation de concert avec le Bureau. Elle se composa du citoyen Barrué pour la Classe des Sciences, du

1. *Registre des procès-verbaux des séances*, pp. 194, 196.
2. *Eod. lib.*, p. 198.
3. Séance du 16 nivôse an XI, *eod. lib.*, p. 200.
4. *Registre des procès-verbaux des séances*, pp. 202 et 203.

citoyen Boilleau pour la Classe des Belles-Lettres, du citoyen
Hardy pour la Classe des Arts, et du citoyen Dast pour la
Classe d'Agriculture et de Commerce[1]. Elle présenta son rapport à la séance du 28 pluviôse an XI (17 février 1803) et
voici le règlement qui fut adopté[2] :

D'après l'article premier, l'Athénée, jusque-là divisée en
quatre classes, le fut désormais en trois :

1re classe : Classe des Sciences;
2e classe : Classe de Littérature ;
3e classe : Classe des Beaux-Arts.

Chaque classe se composa de cinquante membres résidents, parmi lesquels les membres actuels de l'Athénée
(art. 2).

Les membres des anciennes Académies de Toulouse furent
appelés à en faire partie, suivant leurs spécialités (art. 3).

Les classes devaient se compléter par elles-mêmes, et,
dans la suite, sur la présentation de deux candidats pour
chaque place dans une assemblée générale (art. 4).

Chaque classe devait nommer ses officiers et faire des
règlements particuliers tant pour son régime intérieur que
pour ses diverses sections, s'il y avait lieu (art. 5).

Chaque classe pouvait nommer cinquante associés correspondants républicoles et quatre associés étrangers (art. 6).

Chaque classe devait s'assembler une fois par semaine à
des jours différents, savoir :

La Classe des Sciences, le lundi ;
La Classe de Littérature, le jeudi ;
La Classe des Beaux-Arts, le samedi.

Le même local devait leur servir et les séances commen-
çaient à cinq heures pour se terminer à huit heures (art. 7).

Les membres des trois classes avaient le droit d'assister
aux séances particulières de chacune d'elles et d'y faire des
lectures lorsqu'ils le demandaient (art. 8).

1. *Registre des procès-verbaux des séances,* pp. 203, 204.
2. *Eod. lib.,* p.. 205.

Quatre fois par an, le premier dimanche de chaque trimestre, les trois classes devaient se réunir en corps d'Athénée pour se rendre compte de leurs travaux (art. 9).

Le Bureau se composait d'un président, d'un secrétaire général et d'un trésorier général (art. 10).

Le président et le secrétaire devaient être pris successivement dans les trois classes, mais jamais à la fois dans la même.

Le trésorier général pouvait être pris indifféremment parmi tous les membres (art. 11).

Le président et le secrétaire étaient nommés pour un an, sans pouvoir être élus deux fois de suite. Il en était de même pour le trésorier général; mais il pouvait être réélu sans intervalle.

Ces nominations se faisaient au scrutin individuel et à la majorité des suffrages (art. 12).

Le renouvellement du Bureau devait s'effectuer le 1er nivôse de chaque année dans une séance générale convoquée par circulaire adressée à tous les membres (art. 13).

En cas d'absence du président titulaire, les séances générales étaient présidées à tour de rôle par les présidents de chaque classe.

Le secrétaire général était également remplacé par les secrétaires des classes (art. 14).

L'ordre et la police des séances appartenaient au président. Il posait les questions, recueillait les voix et parlait, au nom de l'Athénée, dans les cérémonies (art. 15).

Le règlement fixait, en outre, les attributions du secrétaire général et des secrétaires particuliers (art. 16 à 20), ainsi que du trésorier général et des trésoriers particuliers des classes (art. 21).

Une cocéation individuelle pour les membres résidents était fixée chaque année, dans la séance du 1er nivôse, pour subvenir aux dépenses générales et particulières de l'Athénée, ainsi qu'aux frais d'établissement des prix (art. 22).

Les associés correspondants pouvaient assister aux séances, tant *générales que particulières*, et y faire des lectures; mais ils n'avaient que voix consultative (art. 24).

Les dames qui cultivaient les lettres et les arts pouvaient être admises au rang d'associées correspondantes (art. 25).

L'Athénée devait tenir deux séances publiques chaque année : le 15 germinal et le 15 fructidor (art. 26).

Chaque classe devait proposer un sujet de prix, qui était ensuite arrêté en séance générale.

La valeur de chacun de ces prix était de 200 francs.

Deux de ces prix étaient distribués dans la séance publique du 15 germinal, et le troisième dans celle du 15 fructidor (art. 31).

Telle était l'économie du nouveau règlement qui devait, dans l'esprit de ses auteurs, galvaniser l'Athénée et la faire progresser. Mais elle avait trop de plomb dans l'aile pour pouvoir se relever de sa déchéance. Les temps étaient proches où elle allait péricliter tout à fait. Les membres étaient inassidus; ses officiers eux-mêmes négligeaient leurs fonctions et ne s'intéressaient ni à son recrutement ni à ses travaux. La Classe des Sciences et du Commerce et d'Agriculture était si peu représentée à la séance du 12 ventôse an XI (3 mars 1803) qu'il fut impossible de lui faire nommer des commissaires pour les prix. Ce fut le président qui dut les désigner d'office [1].

.·.

La séance publique du 3 floréal an XI (23 avril 1803) fut assez brillante, malgré les tiraillements qui s'étaient produits dans le sein de la Société.

Pour la première fois, nous voyons le titre de « citoyen » supprimé devant les noms. On a repris le nom de « Monsieur ».

Après une ouverture de la composition de M. Vaillant,

1. *Registre des procès-verbaux des séances,* p. 212.

associé correspondant, le président, M. Vidal, prononce le discours d'ouverture.

Puis, un enfant de cinq ans, le jeune Fanfan Rhein, chante un air en s'accompagnant lui-même sur le piano.

M. Bailly, secrétaire, fait la résomption des travaux de l'Athénée depuis le 30 thermidor an X (18 juillet 1802) jusqu'au 30 germinal an XI (20 mars 1803). Il lit ensuite un rapport sur les ouvrages présentés au concours de poésie.

Parmi les lauréats, nous trouvons le nom de Charles Millevoye, de Paris, qui obtint un prix d'encouragement pour une épître à *un Campagnard qui n'a jamais vu Paris*.

M. Carré lit une épître *à M. J. Delille, sur son retour en France*. L'abbé Delille, célèbre traducteur de l'*Énéide* et l'auteur du poème des *Jardins*, était l'ancien maître de Carré qu'il avait fait venir à Toulouse. Il fut peu après nommé membre correspondant de l'Athénée qu'il remercia de cette nomination par une lettre en date du 15 mai[1].

M. Baour-Lormian récite un fragment de son poème sur la *Mort de Narcisse*, imité d'Young.

Le tout est entremêlé de morceaux de chants et de poésies diverses, et se termine par une ouverture de Méhul, à grand orchestre[2].

Dans sa séance de 18 messidor an XI (juillet 1803), il est procédé au remplacement de M^mes Le Page Du Bocage et Bourdic-Viot, récemment décédées. Elles sont remplacées dans la Classe des Lettres par M^mes de Genlis et de Staël, « dont les belles et savantes productions, dit le procès-verbal, leur ont acquis une réputation aussi étendue qu'assurée[3] ».

L'Athénée nomme, en outre, dans la Classe des Arts, M^me Labouïsse, née Musar, « dont les talens et le goût pour les arts lui fesoient désirer de s'associer aux personnes de

1. *Registre des procès-verbaux des séances*, p. 234.
2. *Ibid.*, p. 221 à 223.
3. *Ibid.*, pp. 230 et 234.

son sexe qui font partie de la société ». C'était la fameuse
*Eléonore* que son mari Auguste de Labouïsse-Rochefort
devait chanter, sans se lasser, jusqu'à ses derniers jours.

\*\*

Toute cette année 1803 avait été une année de troubles
pour l'Athénée; et ces troubles avaient été augmentés par
des satires, d'abord manuscrites, distribuées de mois en
mois et dirigées contre ses membres autant que contre son
fonctionnement.

Ces satires furent imprimées l'année suivante 1804
(an XII) sous le titre général de : SATIRES CONTRE L'ATHÉNÉE
DE TOULOUSE, ETC. [1], et accompagnées de notes en prose souvent plus caustiques que les vers. Elles étaient au nombre
de six et portaient chacune un titre spécial :

Pendant qu'elles circulaient à l'état de manuscrit, elles
avaient donné lieu à des répliques : il en fut surtout ainsi
quand elles furent imprimées et publiées.

Plusieurs personnes furent accusées d'en être l'auteur. Et
les répliques qu'elles motivèrent, loin de faire connaître le
véritable coupable, ne firent qu'égarer les soupçons sur
divers noms.

Dans sa notice nécrologique sur Jean-Pierre Pagès (de
l'Ariège), lue en 1867 à l'Académie des Sciences de Tou-

---

1. A Bruxelles, de l'imprimerie de Wandermann frères et Cⁱᵉ, im-
primeurs-libraires, an XII (1804), in-8° de 71 pages.

louse[1], M. Gatien-Arnoult a été amené à parler de ces
satires, parce que le nom du décédé y avait été mêlé; et,
dans une note VII (mise en appendice), il a cherché à
éclairer la question. M. Alexandre Dumége aurait pu surtout
fournir des renseignements précis dans son *Eloge de Tajan*,
lu en 1850 à l'Académie des Sciences de Toulouse[2], car il
avait été le condisciple de Pagès (de l'Ariège) et accusé,
comme lui, d'avoir participé à la publication de ces satires
et même à la confection de certaines satires postérieures.
Mais il n'a jamais voulu s'expliquer clairement à ce sujet,
même lorsqu'il a parlé de l'Athénée dans son *Histoire des
institutions de la ville de Toulouse*[3]. Seul, M. Eugène
Hangar, dans son *Etude littéraire sur Baour-Lormian*,
publiée en 1865 dans la *Revue de Toulouse*[4], s'est dit autorisé
à attribuer les six premières satires à Baour-Lormian, et tout
semble confirmer ses allégations. Malheureusement, il s'est
borné à cette affirmation sans nous donner d'autres garanties
que celles de son intimité avec le vieux poète toulousain
et des confidences que ce dernier lui aurait faites à cet
égard.

A leur apparition, les soupçons s'étaient égarés sur plusieurs noms. Mais, dans la deuxième satire, le véritable
auteur se moque de ceux qu'on avait désignés comme les
coupables de la première satire :

> L'un accuse *Treneuil* et l'autre *Miramont*.
> Ici, c'est d'*Aldéguier*; là, c'est l'abbé *Raymond*.
> Cet autre, d'un *Legris* révélant l'existence,
> Prétend qu'avec *Ruffat* il est de connivence.

On accusa également le poète Carré d'être l'auteur tout au
moins de la première satire, parce que lui seul y était

---

1. *Mémoires de l'Académie des sciences de Toulouse*, 6e série,
t. V, p. 320, et surtout pp. 327 et 366, note VII.
2. *Mémoires*, 3e série, t. VI, p. 229, et surtout p. 240.
3. T. IV, p. 403. — Voir ci-après d'autres précisions.
4. T. XXII, livraison du 1er juillet 1865, pp. 12 et suiv. — Voir
page 14 du tirage à part.

ménagé. Cette satire s'exprimait en effet ainsi sur son compte :

> Oui, mon œil l'aperçoit, enfant de l'harmonie ;
> Delille t'a légué le feu de son génie ;
> Il renaît dans tes vers, il brûle dans ton cœur ;
> Oui, *Carré*, c'est à toi d'illustrer le vainqueur
> Et le Consul, héros qui verse sur la France
> Les deux biens les plus doux : la paix et l'espérance.

Il semble plutôt que Carré se borna à recueillir les six satires restées à l'état de manuscrit et les fit imprimer personnellement, ou les laissa publier par ses élèves Alexandre Dumège et Jean-Pierre Pagès (de l'Ariège), après les avoir corrigées et annotées, ce qui indigna le véritable auteur des satires et le fit protester contre leur publication.

D'autres ont dit que les six satires furent l'œuvre de trois jeunes gens : Tajan, avocat ; Sens, fils d'un libraire de la rue Saint-Rome, et Benaben, ancien professeur d'éloquence au Collège de Foix. Quelques-uns ajoutent à cette liste le nom de Treneuil[1] indiqué par la deuxième satire.

Somme toute, c'est la version de M. Eugène Hangar qui paraît la plus vraisemblable, car elle se justifie par le mérite littéraire des satires et par leur esprit caustique, habituel à Baour-Lormian qui avait déjà fait ses preuves à Paris avec ses *Trois Mots* et avec sa guerre d'épigrammes contre Ecouchard-Lebrun dit Lebrun-Pindare et Joseph-Marie Chénier. Et, s'il s'est critiqué lui-même, c'était sans doute pour mieux détourner les soupçons.

La première de ces satires (*Toulouse littéraire*) semble avoir été composée antérieurement à la réorganisation de l'Athénée le 28 pluviôse an XI (17 février 1803), car le Satirique dit dans sa quatrième satire qu'il quitte Toulouse pour se rendre à la campagne et profiter du printemps. Il s'était donc écoulé deux ou trois mois, si ce n'est quatre,

---

1. Barbier, *Dictionnaire des ouvrages anonymes et pseudonymes*, t. III, p. 245, nº 16,829. — Voir également Quérard, Jay, Jouy et Norvins.

entre la première et la quatrième satire, ces satires ayant
paru manuscrites de mois en mois.

Cette première satire débute par ce vers :

> Minuit vient de sonner; je suis seul et m'ennuie...

Dès qu'elle fut connue, elle fut l'objet de plusieurs réponses imprimées.

L'une d'elles, également en vers, était intitulée : LA
CONTRE-SATIRE et *autres pièces fugitives, par M. Auguste
de Labouïsse* (Rochefort)[1]. Elle débutait ainsi :

> J'ignorais qu'à minuit ce fût un grand plaisir
> D'employer à médire un temps fait pour dormir...

Elle était précédée d'une lettre datée de Saverdun, le
12 novembre 1803, et adressée à « M. Carré, professeur de
belles-lettres », en lui envoyant une copie du manuscrit de la
*Contre-Satire.* Labouïsse Rochefort y dit que Carré a été
soupçonné d'avoir « corrigé » la satire de *Toulouse littéraire,* mais qu'il ne peut croire qu'elle soit « entièrement de
lui, car on n'y reconnaît ni la concision, ni l'élégance, ni
la force de son style ». Carré, d'ailleurs, s'en défendit par
une lettre en réponse à Labouïsse-Rochefort.

La seconde réponse imprimée à la première satire toulousaine n'est pas signée. Elle est en vers et porte le titre suivant : *Fragment d'une Réponse à la Satire contre les membres de l'Athénée de Toulouse*[2]. Elle débute ainsi :

> Quel est ce prétendu favori de Minerve?...

et traite son auteur

> De frelon clandestin, de poète sans verve,
> Qui de nos beaux esprits dit être le flambeau
> Et dont le manuscrit se vend sous le manteau.

---

1. A Toulouse, de l'imprimerie de la veuve Douladoure (an XII-
M.DCCC.III), 36 pages in-8°. — Voir Labouïsse-Rochefort, *Trente
ans de ma vie,* t. V, pp. 510 et suiv.

2. 4 pages in-8°, sans indication d'éditeur ni d'imprimeur.

La troisième réponse est également anonyme. Elle est en prose et intitulée : *Examen critique de la Satire ayant pour titre : Toulouse littéraire*. Elle commence par ces mots : « Depuis deux mois on a publié un libelle sous le titre de Satire. » Elle prenait la défense des principaux membres de l'Athénée, tant des littéraires que des scientifiques et des artistes, notamment des musiciens, s'indignait des attaques du poète anonyme et donnait la nomenclature des principales œuvres publiées ou écrites par ceux qu'il décriait.

Dans ses *Mémoires et souvenirs ou Trente ans de ma vie*, Labouïsse-Rochefort a prétendu que cette réponse était de Bernard Tajan, alors secrétaire de l'Athénée. Tajan était l'ami et le confident de Baour-Lormian et, s'il est l'auteur de cette réponse, c'était pour faire le jeu de Baour-Lormian et détourner d'autant mieux les soupçons de connivence.

Peu après se répandit la seconde satire, intitulée : *Réplique à l'Athénée de Toulouse* (IIe satire). Elle débute par ces vers :

> Je me flattais, Messieurs, qu'en vous rendant justice
> Vous auriez reconnu le prix d'un tel service,
> Et que, pour une fois sensibles à l'honneur,
> Vous m'auriez avoué pour votre précepteur.

Cette satire est moins vive que la première. Elle annonce une suite, car elle termine par ce vers :

> Mais je ne vous fais pas encore mes adieux.

La satire suivante est, en effet, intitulée : *Mes adieux* (IIIe satire). Elle commence par cette déclaration :

> Me voilà confondu ; je ne dirai plus rien.
> On ne peut pas sans risque entreprendre le bien,
> Parce que j'ai voulu, dans mes rimes sévères,
> Redresser et punir des travers littéraires,
> Venger l'honneur du Pinde et celui d'Apollon,
> On veut me répliquer par des coups de bâton.

L'auteur continue en disant qu'il quitte Toulouse :

> ... Mars l'appelle au combat.
> *Il* va grossir les rangs des fils de la victoire
> Et couronner son front des palmes de la gloire

A son retour, il viendra forcer ses compatriotes ingrats à chanter ses exploits.

> Vous ne partirez pas, me dit un Commissaire,
> Vous êtes trop petit pour soutenir la guerre,
> Restez dans vos foyers...

Ainsi débute la IVe satire, intitulée : *Mes ennuis*. Mais que faire chez soi? rester devant son feu? Non, le Satirique s'ennuierait trop, et il passe en revue les personnalités toulousaines chez qui il pourrait bien fréquenter. Après avoir tourné en ridicule certains membres de l'Athénée, il passe en revue les acteurs du théâtre. C'était une réponse à certaine pièce dramatique qui avait pris à partie le Satirique et qui était l'œuvre de Boilleau, membre de l'Athénée.

La Ve satire, portant pour titre : *la Conspiration*, met en parallèle les sicaires anglais envoyés pour attenter à la vie du Premier Consul et les membres de l'Athénée

> Tramant contre la Muse (du Satirique) un complot poétique.

Elle indique comme étant à la tête de cette conspiration Boilleau, dont la pièce de théâtre avait cherché à ameuter le public contre le Satirique. Ce dernier en profite pour passer en revue tous les acteurs alors en vogue à Toulouse et se moquer de leurs travers. Cela fait, il déclare vouloir s'en revenir à la campagne pour profiter des plaisirs du printemps.

Mais, là encore, il est pourchassé par ses ennemis. Il lui faut quitter le soc et reprendre la lyre vengeresse. De là la VIe satire, intitulée : *la Résurrection*. L'époque où parut cette satire correspond avec le retour de Baour-Lormian à Toulouse :

> Un bruit sourd et confus, parvenu jusqu'à moi,
> M'apprend que l'Athénée a reconquis son roi;
> Que *Baour-Lormian*, à la piste d'un trône,
> Est venu dans nos murs chercher une couronne,
> Et, pour sceller sa gloire, arracher aux tombeaux
> D'un grand corps foudroyé les grotesques lambeaux.

A cette époque, Baour-Lormian s'était acquis, même à Paris, une véritable célébrité littéraire. Il était fils d'un imprimeur-libraire, Jean-Florent Baour, venu de Pamiers à Toulouse vers l'année 1767 ou 1768 et établi au coin formé par la rue Gamion (aujourd'hui Baour-Lormian), débouchant dans la rue Saint-Rome, et cette dernière rue. Né à Toulouse le 17 septembre 1772, il avait alors trente ans. Doué dès son jeune âge de grandes facultés poétiques, il avait donné, en 1795, une traduction en vers de *la Jérusalem délivrée*, qui n'est pas sans mérite, mais qui se ressentait de son extrême jeunesse en même temps que d'une trop grande hâte de composition. Il fit preuve de talent et de patriotisme dans son *Hommage aux armées françaises*, publié en 1797. Parti pour Paris, il s'attaqua à Lebrun-Pindare et à Joseph-Marie Chénier et leur fit une guerre d'épigrammes à laquelle ils répondirent vigoureusement. Puis il s'attaqua, en 1799, aux membres de l'Institut et dirigea contre eux un pamphlet en vers et en trois satires, qu'il intitula : *Les trois mots* et qui obtint un grand succès. Peu après, il fit paraître, en 1801, ses *Poésies galliques*, imitation brillante des légendes calé-doniennes, alors en grande faveur. Il devait devenir un des restaurateurs de la littérature de son temps avec l'abbé De-lille, Ducis, Arnault, Népomucène Lemercier et plusieurs autres choryphées de la vieille école classique. Sa tragédie d'*Omasis*, représentée à la Comédie-Française le 13 septembre 1806, est restée longtemps au répertoire et a été admise à concourir pour le prix décennal, en même temps que *Les Templiers*, de Raynouard. Appelé en 1815 à remplacer le chevalier de Boufflers à l'Académie française, il n'est mort qu'en 1854, dans un état voisin de la misère. Pour rendre hommage à ses mérites, l'Académie lui décerna un honneur qu'elle n'avait encore accordé qu'à Sicard et à Delille : elle décréta que le nom de Baour-Lormian serait inscrit d'office sur sa feuille de présence.

Baour-Lormian avait été particulièrement maltraité par la première *Satire toulousaine*. Voici ce qu'elle en disait :

Et toi, son fier rival (de Pié), toi qu'il prône partout,
Qu'il proclame l'apôtre et l'arbitre du goût,
Toi, *Baour-Lormian*, dont la muse guindée,
Sans le secours d'autrui n'eut jamais une idée,
Qui du vieil Ossian flétris les beaux lauriers,
Qui mutilas Le Tasse et ses tableaux guerriers,
Rimeur lâche et diffus, sans verve, sans audace,
Condamné par Lebrun au bourbier du Parnasse,
Et qui, dans tout Paris, comme Pradon cité,
Viens de ton sot orgueil fatiguer la Cité,
C'est toi, c'est toi, surtout, dont ma muse dévoue
Le nom au ridicule et les vers à la boue [1].

Dans la II⁰ satire, il était également pris à partie :

Eh ! dites-moi, Messieurs...
Pourquoi, bouffi d'orgueil et de malignité,
*Baour* affiche-t-il sa sotte vanité ?
Et, profanant d'Young les tableaux salutaires,
Ose-t-il soupirer ses plaintes solitaires [2] ?

Enfin, la VI⁰ satire, intitulée *la Résurrection*, ajoutait :

*Baour* vient de quitter les rives de la Seine ;
Il cherche vainement ce temple harmonieux
Où Carré bégayait le langage des dieux.
Il n'aperçoit partout que de vastes décombres.
De l'Athénée en deuil il voit rêver les ombres ;
Les cheveux hérissés, pâle, les yeux hagards,
Il jette autour de lui de stupides regards ;
Mais bientôt, reprenant sa fureur poétique,
Il semonce en ces mots la troupe fantastique :
« Vous qu'enflammaient jadis la gloire et les amours,
« Vous, de ces vieux remparts modestes Troubadours,
« L'espérance et l'orgueil des Muses Tectosages,
« Qui d'Apollon lui-même obtenez les suffrages,
« Qu'êtes-vous devenus ? Quel coup affreux du sort
« Dans ce triste séjour a consacré la mort ?
. . . . . . . . . . . . . . . . . . . . . . . . . . . . . . . .
« Allons, ranimez-vous, fantômes glorieux,
« Et revoyez encor la lumière des cieux !
« Repoussez le néant... Au sommet du Parnasse,
« Venez auprès de moi reprendre votre place !

1. Satire I, p. 3.
2. Satire II, p. 16.

« Venez tous partager mon destin éclatant,
« Les honneurs sont tout prêts, le trône vous attend. »
*Baour* dit, et soudain les ombres dispersées
Autour du noble chef se pressent entassées ;
O prodige, leur vers reprend un libre cours.
Déjà, *Tajan* s'apprête à beugler un discours ;
*Boilleau* relit ses vers, compagnons de sa tombe ;
Sous sa prose affaissé *Saint-Jean* baille et succombe ;
Barthole-*Bellecour* s'acharne sur Rousseau,
*Labouïsse* de son fils savonne le trousseau,
Et, soupirant l'amour qui le dessèche encore,
Rechante Saverdun et son Eléonore ;
*Pinaud*, sous les regards de *Saget* hébété,
Improvise sa morgue et sa stupidité ;
*Carré* rugit ses chants ; l'ingénieur *Laupie*
Retrouve avec la joie toute son ineptie ;
*Lucas*, digne héritier du masque d'Arlequin,
Regagne en grimaçant son char de marroquin ;
*Jamme*, double fléau de Thémis et des Muses,
Le jubilé *Montels*, fier général des Buses,
L'in-quarto *Saint-Romain*, le problème *Olléac*,
Le sculpteur *Romieu*, l'immense *Dastarac*,
Le muscadin *Monlon*, le lourd *Laromiguière*,
Et *Salles* le géant, et le nain *Romiguière*,
Le maigre *Dessacy*, le colosse *Léon*,
Le papillon *Vignole* et l'atome *Tournon*,
Tous, saluant en chœur la lumière céleste,
De leur orgueil détruit ressuscitent le reste ;
Chacun, tout étonné de retrouver le jour,
Se jette avec respect aux genoux de *Baour* ;
Chacun le remercie, et, dressant les oreilles,
Du généreux *Papa* célèbre les merveilles.

La satire continue en décrivant un dîner de gala donné
en l'honneur de la résurrection de l'Athénée. Baour y prend
la parole :

« Mes enfants, leur dit-il, dans ce jour d'allégresse,
« Je veux voir partager ma délirante ivresse ;
« Vous avez comme moi, d'une gloutonne ardeur,
« Dévoré tous ces mets, dont *Maillot* a l'honneur.
« Bornons un appétit par trop insatiable,
« Il n'appartient qu'aux sots de s'oublier à table ;
« D'un plus vaste dessein il faut nous occuper.
« Le public vous croit morts, il faut le détromper.

« Un obscur Aristarque, un bâtard de Zoïle,
« Depuis plus de six mois tracasse votre ville,
« Dissèque vos talents, vous torture à loisir
« Et se fait de vos maux un barbare plaisir.
« Ses brocards insultants réjouissent Toulouse ;
« Opposons notre force à son humeur jalouse ;
« Unissons nos moyens, et que nos ennemis
« Se vautrent dans l'égout qu'ils nous avaient promis.
« Organisons sur l'heure une brillante fête.
« Eh ! quoi, vous pâlissez !... Je marche à votre tête ;
« Et si vous redoutez un injuste courroux,
« Seul, de votre assassin je braverai les coups.
« Ce n'est pas vainement qu'avec moi l'on se joue :
« Chénier ne bouge plus, Delille est dans la boue ;
« Tout Paris a sifflé Nizas et Lemercier ;
« Arnault se fait commis et Lebrun romancier ;
« Evariste n'a plus son aimable délire,
« Son luth reste muet, les ans glacent sa lyre ;
« Ducis et Legouvé gémissent sous ma loi ;
« Je suis de l'Hélicon le pontife et le roi ;
« Je dicte ses arrêts... Et, lorsque la victoire
« A décoré mon front du bandeau de la gloire,
« Lorsque tout reconnaît ma suprême grandeur,
« Lorsque seul des beaux-arts je soutiens la splendeur,
« Je viendrais lâchement flétrir ma destinée
« En laissant sous les yeux avilir l'Athénée !
« J'en jure par Fingal, j'en jure par les dieux,
« Vous serez tous vengés de ce monstre odieux. »

On ne pouvait se moquer plus spirituellement des prétentions de Baour-Lormian et des membres de l'Athénée. Le
Satirique termine son œuvre en montrant Baour excitant
vainement les courages des membres de l'Athénée et en
constatant que lui-même est resté impuissant à les faire
revivre :

Depuis plus de six mois je poursuis votre cure.
Mais en vain j'ai voulu reformer la nature ;
En vain ai-je espéré que, vaincus par le goût,
Vous pourriez secouer la fange de l'égout.
Je me suis abusé... Jouets de vos caprices,
Vous êtes abrutis au sein des immondices.
Restez-y donc, ingrats, fixez-y votre sort,
Et vous y trouverez une seconde mort.

Baour-Lormian répondit aux critiques dont il était ainsi l'objet par une ÉPÎTRE A L'AUTEUR ANONYME DES SIX SATIRES TOULOUSAINES[1]. Peu après, cette Épître eut une seconde édition également de 16 pages in-8°, et, enfin, une troisième édition « corrigée et considérablement augmentée », ayant 32 pages au lieu de 16 et coûtant 15 sous au lieu de 8 comme les deux premières éditions : cette dernière édition contient, en effet, une préface qui n'est pas dans les autres, et des notes beaucoup plus nombreuses.

Dans sa préface, Baour-Lormian discute l'utilité des satires et en montre l'inanité quand elles attaquent des personnes de valeur, et la lâcheté quand elles s'adressent à des personnes qui ne s'occupent pas d'écrire et qui ne peuvent, par suite, se défendre. Puis, il s'adresse à l'auteur des satires et commence ainsi son épître :

> Aristarque insolent, pédagogue vandale,
> Lourd rhéteur échappé des trottoirs de la halle,
> Dont les écrits divers et les fades bons mots
> Font déjà renchérir et l'encre et les pavots,
> Si ton bras, dans l'excès d'une ardeur héroïque,
> N'eût lancé que sur moi la flèche satirique,
> D'un burlesque combat riant tout le premier,
> Je me fusse à ton arc offert sans bouclier...
> Mais, puisque dans ces murs tout blesse ton orgueil,
> Que tu veux des beaux-arts y creuser le cercueil,
> Et, te livrant sans cesse à ton zèle caustique,
> Déchirer nos auteurs par ordre alphabétique,
> Il est temps que mes vers, sur la rage aux abois,
> Pour la cause d'autrui tombent de tout leur poids.

En réalité, Baour-Lormian ne parla d'aucun Toulousain, et se défendit seul en attaquant de nouveau Lebrun, Chénier, Lemercier, Feletz, Geoffroi et les littérateurs de Paris. Il critiqua même Chateaubriand, qui venait de faire paraître le *Génie du Christianisme*, « ouvrage, dit-il, où les beautés

---

1. A Toulouse, chez Bonnefoi, rue des Chapeliers, Sénac, à la poste aux lettres, et Rey, à la Comédie, an XII; in-8° de 16 pages. Prix : 8 sous.

de premier ordre s'allient avec des défauts monstrueux, où
des phrases néologiques et barbares succèdent à des phrases
dignes de Bossuet et de Fénelon, où le mauvais goût et
l'abus du bel esprit défigurent des pensées sublimes et
vigoureusement tracées ». Jusqu'à son dernier jour, Baour-
Lormian devait demeurer l'ennemi des Romantiques, tout
en reconnaissant le mérite de certaines œuvres aujourd'hui
établi.

Dans son *Epitre* en réponse aux six satires, Baour-Lormian ne cite pas positivement l'Athénée; mais il y fait allusion lorsqu'il dit :

> Je conviens avec toi que les Muses en deuil
> Longtemps ont, sur nos bords, penché vers le cercueil;
> Que leurs temples déserts, dépouillés de guirlandes,
> Ont langui sans autels, sans culte et sans offrandes.

Et après avoir dit, en note : « Tous les amis des Lettres doivent désirer le rétablissement des Jeux Floraux », il ajoute :

> Ils renaîtront bientôt ces jours, ces heureux jours,
> L'orgueil de nos remparts, l'espoir des Troubadours;
> Le premier des héros, l'arbitre des batailles,
> Va ramener *Clémence* au sein de ces murailles.

Une réponse fut faite à Baour-Lormian. Elle est intitulée :
RÉCLAMATION DU VÉRITABLE SATIRIQUE EN RÉPONSE A M. BAOUR-
LORMIAN. A Montauban, chez la veuve Denis, imprimeur-
libraire, rue des Aveugles, n° 17, an XII (1804), 15 pages
in 8°. Tel est le titre de la couverture, mais le titre intérieur
porte simplement : *Ma réclamation; septième et dernière
satire.* Dans une note finale, l'auteur dit : « En terminant
mes satires, je dois rendre compte au public de mes motifs.
On s'est étrangement abusé si l'on a pu croire que l'envie
de médire ou d'étouffer l'émulation m'avait mis la plume à
la main; mon intention, au contraire, a été louable : j'ai
voulu ranimer pour nous le feu des arts prêt à s'éteindre;
j'ai voulu ramener au goût de la littérature les habitans de
cette cité, si recommandable autrefois par ses lumières. J'ai

attaqué sans doute beaucoup d'écrivains sans talent; mais
j'en ai blessé quelques-uns qui n'en manquent pas et qui,
par leur zèle et leur travail, pourraient parvenir à se faire
distinguer de leurs concitoyens. J'ai blâmé les compositions
de l'Athénée! Et, de bonne foi, quel homme impartial n'en
aurait porté le même jugement? On dit que ce corps littéraire s'épure et qu'il admet dans son sein plusieurs membres dignes d'y figurer...

« Si mes vers ont contribué à cette réforme, je me félicite
de les avoir écrits. Des barbouilleurs de papier, poussés par
l'espoir sordide du gain, se sont jetés sur ma route et me
forcent de m'en écarter. Ils ont écrit des libelles qu'on pourrait m'attribuer, et mon désaveu formel est une dette sacrée
de l'honneur. Je n'ai plus rien à dire; qu'on cesse de
m'accuser; qu'on cherche encore moins à me connaître. Un
voile impénétrable me couvre; aucun pouvoir humain ne
peut le soulever. »

Au lieu de se calmer, la lutte des satires ne fit que
s'accentuer.

On vit paraître une SUITE AUX SIX PREMIÈRES SATIRES TOU-
LOUSAINES [1]. Elles se composaient de deux satires (Satire VIIe
et satire VIIIe, sans autres titres). Elles étaient plus violen-
tes que les précédentes. Baour-Lormian y était de nouveau
maltraité. Une note était particulièrement violente à son
égard. Elle se trouve à la suite de la satire VII[2] et est ainsi
conçue :

« Je ne connais pas d'être plus absurde que ce pitoyable rimailleur.
Il traduisit *la Jérusalem délivrée* et la publia comme un chef-d'œuvre.
On lui rit au nez; on le siffla dans toute la France; on le vendit sur
le quai de la ferraille, avec des oreilles de baudet; les épigrammes
l'assommèrent; en un mot, on réforma la langue en son honneur, et
tel qu'on appelait *Ane* autrefois fut dès lors appelé *Baour*. Il ne se
découragea pas; aussi capricieux que l'animal dont il avait pris le

1. *Satires toulousaines*, suite aux six premières. Première édition
enrichie de notes critiques. Genève, chez Pellet, imprimeur-libraire,
rue des Belles-Filles (an XII-1804), 32 pages in-8°.
2. Page 5, note 6, et pages 15 et 16.

caractère avec le nom, au lieu de céder à l'opinion, il voulut la bra-
ver ; et, après trois ans de silence, il ouvre la bouche pour dire une
sottise, ce fut son *premier mot* (allusion à sa première satire : *Les
Trois mots*). Nouveaux brocards, nouveaux coups d'étrivières : il fut
hué, conspué, fustigé, mutilé, haché. Il répond à tous par son *second
mot* ; mais, plus adroit cette fois, il achète les journalistes, salarie les
colporteurs et sa satire est vantée avec scandale. Enhardi par ces
éloges imposteurs, il se croit déjà un grand homme et, prenant tout à
coup une gravité risible, il publie avec emphase ses *Poésies galliques
d'Ossian.* Nouvelle chute... Enfin, chassé de Paris par le goût et le
bon sens, il revient dans son pays et a l'audace de parler de sa gloire :
il s'introduit dans les sociétés, parle beaucoup de son prétendu triomphe, présente à tous une boîte qu'il acheta, sans doute, et qu'il
annonce tenir des libéralités d'Alexandre, comme si le premier monarque du Nord était fait pour un tel avilissement, se crée un parti,
se produit en spectacle au Lycée, compose un chant de guerre, divise
les concerts, agite les esprits, brouille tout et repart enfin pour Paris,
couvert des huées de ses compatriotes. Il veut publier une traduction
de Young, mais aucun libraire ne veut s'en charger. L'exemple de la
*Jérusalem* et de l'*Ossian* les avait tous effrayés. Il revient dans nos
murs, chargé du mépris des écrivains célèbres qu'il avait osé outra-
ger. L'Athénée que ma faible voix avait dispersée se rallie à la sienne,
et, pour justifier mes épigrammes, tient une séance publique. Baour
lit un poème dont il n'est pas auteur. Enfin, il veut m'écraser par
une épître et tombe sous ses propres traits ».

Ces deux satires VII et VIII qui se donnaient comme une
« suite aux six première » et comme étant du même auteur
ont été attribuées à deux élèves du professeur Carré, tous
deux devenus célèbres à des titres différents, et que nous avons
déjà indiqués : Alexandre Dumège et Jean-Pierre Pagès (de
l'Ariège). En effet, on lit dans une satire postérieure intitulée :
LE JUGEMENT ET LA MORT DU SATIRIQUE, la note suivante :
« J'ai appris que MM. C... (Carré), D... (Dumège) et P...
(Pagès) étaient les auteurs du libelle publié sous le nom de
SATIRE TOULOUSAINE ou *Suite aux six premières satires*. Je
m'empresse de rendre à l'auteur des six satires la justice qui
lui est due et de lui annoncer que je n'ai pu le confondre avec
des hommes sans principes, sans religion et sans mœurs.
Les vers du Satirique, marqués au coin de la facilité et du
goût, sont bien différents de ceux de ces rimailleurs qui se

traînent dans la boue, sans génie, sans facilité, pleins d'expressions impropres, de chevilles et de répétitions,' quoi qu'en dise le judicieux M. C... » (Carré).

A ces huit satires, appartenant ou non au même auteur, il y eut une RÉPONSE D'UN ANONYME AU LIBELLISTE ANONYME. Elle fut attribuée à Léon de Lamothe-Langon et débutait ainsi :

> Huit fois dans ses écrits un cynique effronté
> Osa de l'art des vers souiller la majesté.
> Reptile venimeux, etc...

D'autres réponses furent aussi faites sous des formes diverses. Ainsi, il y eut :

Une LETTRE, EN PROSE, CONTENANT LA DESCRIPTION ABRÉGÉE D'UN INSECTE NOUVEAU, par Droguel, naturaliste;

Un sonnet-acrostiche intitulé : HOMMAGE A L'INSECTE ANONYME, par M. Mouret;

Une chanson, en deux couplets, intitulée : VAUDEVILLE SUR LE SATIRIQUE, par Deloue;

Une pièce en vers patois, intitulée : A L'AOUTOU CLANDESTIN DÉ LAS SATYROS TOULOUSAINOS, par P. Lasserre, qui était membre de l'Athénée;

Une autre pièce de vers patois adressée AL DESPARRABISSAYRE DES SABENS DE LA BILO DE TOULOUSO, *per le Guillaoumet de la Lando*, qui n'était autre qu'un certain Sieurac, membre de l'*Athénée*, d'après une autre satire portant le n° IX[1].

Une réponse fut adressée directement à *l'Épître* de Baour-Lormian. La couverture portait : RÉCLAMATION DU VÉRITABLE SATIRIQUE *en réponse à M. Baour-Lormian*[2]. Le second titre était ainsi conçu : « MA RÉCLAMATION, *septième et dernière satire* ». Elle était assez anodine et plutôt favorable à Baour-Lormian. Une note dit même que si l'auteur s'était « élevé avec force contre l'orgueil de M. Baour-Lormian », il lui

1. Note de la page 16.
2. A Montauban, chez la veuve Denis, imprimeur-libraire, rue des Aveugles, n° 17 (an XII-1804); in-8° de 15 pages.

« reconnaissait néanmoins du talent pour la poésie ». En revanche, il tombait à bras raccourcis sur Carré, « qui à des moyens presque nuls joignait un amour-propre désordonné ». « Ce petit homme, ajoutait-il, modèle parfait de la suffisance et de la médiocrité, ne reconnaît de supérieur que l'abbé Delille qui, du reste, l'est à tous nos modernes écrivains. » Mais « pour écrire, et surtout en poésie, il faut de l'imagination, de la logique et du coloris. Notre répétiteur n'a aucune de ces qualités; sa versification est lâche, diffuse et traînante. Jamais une seule étincelle de génie n'a brillé dans ces chants civiques dont tant de fois a retenti le temple décadaire [1]. »

Il fut répliqué à cette satire par une nouvelle satire intitulée : RÉCLAMATION CONTRE LA RÉCLAMATION *et les mœurs de Toulouse* (sat're VII). Cette satire est accompagnée d'une préface où il est dit : « Après une assez longue absence, je reviens à Toulouse, et je vois dans les mains de tout le monde plusieurs libelles qu'on ne peut lire sans indignation. L'auteur de ces libelles a eu l'audace de les publier sous mon nom; je déclare qu'ils ne sont pas de moi, non plus que celui qui a pour titre : *La Réclamation*. Je pense que la différence qui existe entre le style des six premières satires et celui de ces injurieux pamphlets n'aura point échappé aux yeux du lecteur éclairé, et qu'il a déjà rendu la justice qui est due à celui dont l'opinion littéraire a toujours été la même, qui n'a jamais cessé de voir dans *Baour* le traducteur misérable du Tasse, d'Ossian et d'Young, et dans *Boilleau, Lafont, Labouïsse*, etc., des rimailleurs plus ridicules encore. »

Cette « septième » satire se borne à lancer quelques nouveaux traits contre plusieurs membres de l'Athénée, et, en particulier, contre Baour-Lormian. Elle se termine par des notes où l'auteur « déclare solennellement qu'il est étranger à l'impression des six premières satires », et ajoute : « Les *écoliers* qui ont eu l'infamie de livrer au public cette scandaleuse production auraient dû, avant de se servir de

1. Page 13.

mon nom, se bien persuader que, dans aucun cas, je ne m'étais permis aucune personnalité sur l'opinion et la moralité des individus que j'ai attaqués. J'ai voulu uniquement frapper les travers littéraires et l'orgueil du bel esprit; mais j'ai respecté les droits que chacun des membres de l'Athénée peut avoir à l'estime publique.

« Je désavoue également toutes les notes imprimées, soit à suite de mes six premières satires, soit à suite du pamphlet.

« Je déclare, en outre, que si je parviens à découvrir *l'école* où a été fabriqué le libelle que je dénonce, je poursuivrai moi-même devant les tribunaux le *maître* (c'est Carré qui est ainsi désigné) et les *écoliers* (ce sont Dumège et Pagès), et c'est alors que je me nommerai. »

Il fut répondu à cette « septième » satire par un libelle intitulé: LE JUGEMENT ET LA MORT DU SATIRIQUE, *poème héroï-comique, enrichi de notes historiques et impartiales par M. VÉRAX* [1]. L'auteur suppose que le satirique a été arrêté par les agents de l'Athénée, conduit à son tribunal, jugé et condamné à mort; que, pour échapper à son supplice, il s'est rétracté; que, néanmoins, le tribunal lui a fait boire de la ciguë et qu'il s'est endormi du dernier sommeil. Mais, le lendemain matin, quelle fut sa surprise! il se voit ressusciter. La coupe qu'il a vidée la veille ne contenait qu'une potion assoupissante. Les membres de l'Athénée ont voulu seulement l'inviter à « briser ses crayons satiriques ».

Cette pièce est suivie de notes toutes à la glorification de Boileau, de Jamme, de Tajan, de Baour-Lormian et de plusieurs autres.

A cette publication, il fut répliqué par une nouvelle satire intitulée : LE TESTAMENT DU VÉRITABLE SATIRIQUE, *VIII* satire, en réponse au poème ayant pour titre : « Le jugement et la mort du Satirique* [2] ».

1. A Genève, chez les Libraires-Associés (sans date); 20 pages, in-8o. Prix : 0 fr. 60 c.
2. A Auch, de l'imprimerie de Girard, an XII (1804), 23 pages in-8o

Elle commence par ces vers :

> J'avais fait le serment de briser mes pinceaux.
> . . . . . . . . . . . . . . . . . . . . . .
> Je me flattais alors que les vils écoliers
> Dont j'avais signalé les titres orduriers,
> Honteux de parcourir leur infâme carrière,
> Enchaîneraient enfin leur muse pamphlétaire.

Et, comme il en est autrement, il recommence ses attaques contre l'Athénée en justifiant toutes ses critiques anciennes.

Puis, dans ses notes finales, il précise ses accusations et dit qu'on attribue à Jamme le poème auquel il répond : *Le jugement et la mort du Satirique.* Il en profite pour critiquer son plan qui est « mauvais », son sujet qui est « absurde » et son « style en général incorrect, négligé et quelquefois trivial [1] ».

Jamme répondit peu après à cette note par une LETTRE AU SATIRIQUE [2], où il relève ses violences de langage, blâme sa conduite et lui conseille de rester à la campagne, ainsi qu'il en a annoncé l'intention. Là, il pourra s'exprimer plus librement, en attendant que l'air des champs lui rafraîchisse le sang. « Puis », ajoute-t-il en finissant, « si la raison peut reprendre son cours ordinaire, revenez parmi nous, soyez aimable, vous avez encore de quoi l'être; si les concerts vous ennuient, n'y allez pas; si nos ouvrages vous déplaisent, ne lisez que les vôtres; mais rappelez-vous que les talens destinés au charme de la société en deviennent le fléau lorsqu'on en fait un mauvais usage. »

Les satires que nous venons d'analyser ne furent pas les seules qui parurent à cette époque. Nous pourrions en citer bien d'autres, moins spirituelles, moins mordantes, mais qui

1. Page 20.
2. *Lettre de M. Jamme au Satirique*, 8 pages in 8º.

contiennent des renseignements souvent intéressants. Nous nous bornons à celles que nous avons indiquées parce qu'elles concernent spécialement l'Athénée, dont l'histoire nous occupe, et contribuent à nous faire connaître ses principaux membres.

Ce n'est pas, assurément, toute la cité toulousaine qui est en jeu dans ces discordes; mais elles nous donnent sa physionomie intellectuelle, littéraire, scientifique et artistique, avec ses travers sans doute, avec ses « verrues », comme dirait Montaigne, et ces précisions la font revivre et permettent de l'apprécier d'autant mieux. Plusieurs centaines de noms s'y trouvent éparpillés. Ces noms sont accompagnés des qualifications qui disent la profession de ceux qui les portaient, et, souvent aussi, les critiques dont ils pouvaient être l'objet.

> Mais puis-je proclamer, sans aigrir mon courroux,
> Le noms de *Saint-Amans*, du trésorier *Marie*,
> Du poète *Ferlus*, du froid *Sainte-Marie*,
> Du médecin *Lafont*, du rimeur *Dalayrac*,
> Du docteur *Barrué*, du caporal *Lignac*,
> Du chanoine *Borès*, du capitoul *Laporte*,
> D'Armonica *Sabran*, du musicien *Porte*,
> Du secrétaire *Pech*, du juré de *Sacy*,
> Du libraire *Lacroix*, du bavard *Dufay*,
> Du chimiste *Martin*, de l'avocat *Saurine*,
> Du rimailleur *Delbret*, du chantailleur *Candine*,
> Du gascon *Poitevin*, du colon *Chastenet*,
> Du damoiseau *Janole* et du benet *Benet*[1]?

Il serait trop long, et d'ailleurs peu intéressant, de rappeler tous les noms cités dans les satires concernant l'Athénée, surtout quand le Satirique se borne à les caractériser par un simple adjectif. Mais il en est quelques-uns qui méritent d'être rappelés à notre mémoire, malgré les critiques dont ils ont été l'objet, car ils ont joué un rôle considérable dans la vie de Toulouse et nous font connaître les mœurs et les goûts de l'époque.

1. IIe Satire, p. 20.

Dans sa première satire, l'auteur rappelle le passé littéraire de Toulouse, et, comparant l'Athénée à l'antique Académie des Jeux Floraux, il s'écrie[1] :

> Toulouse, voilà donc ton malheureux destin!
> Ton éclat autrefois n'était pas incertain,
> Tu brillais par tes jeux, tes spectacles, tes fêtes;
> Les beaux-arts dans ton sein étendaient leurs conquêtes;
> Et Clémence, enflammant le cœur des Troubadours,
> Dotait pour ton orgueil les chantres des amours.
> Quand le troisième jour du mois chéri de Flore
> Rougissait l'horizon de sa brillante aurore,
> Tes magistrats unis aux soutiens de nos lois
> Décernaient le triomphe et la palme à la fois.
> Cent hymnes du vainqueur éternisaient la gloire
> Et le portaient vivant au temple de mémoire.
> Hélas! des jours si beaux se sont évanouis...

En effet, voici ce qu'il ajoute en s'adressant à l'Athénée[2] :

> Ouvre ton sanctuaire, ô sublime Athénée!
> Offre de tes grimauds la foule illuminée.
> Qu'ils viennent à la fois, modernes Dassoucys,
> Les cheveux hérissés, des flots d'encre noircis;
> Qu'ils viennent, sous mes yeux, se disputer encore
> L'ivraie et le chardon dont leur front se décore.

Le Satirique s'attaque d'abord à BOILLEAU, qu'il interpelle
de la façon suivante[3] :

> Je te vois le premier dans cette tourbe obscure,
> Mons *Boilleau*, de Dorat lourde caricature;
> Tes contes, tes chansons, tes drames, tes couplets,
> De nos concitoyens ont lassé les sifflets.
> Depuis plus de dix ans à nos brocards en butte,
> Vers le fleuve d'oubli tu cours de chute en chute;
> Depuis plus de dix ans, réprouvé du bon goût,
> Tu colportes tes vers destinés à l'égout;
> Depuis plus de dix ans, au théâtre, au Lycée,
> Tu verses les pavots sur la foule indignée;

1. Page 6.
2. Ire Satire, p. 4.
3. Ire Satire, pp. 1 et 2.

Hélas! et tu te crois un auteur en renom
Quand partout le dédain accompagne ton nom;
Abjure ton erreur, s'il en est temps encore,
Et, pour mieux te guérir, prends deux grains d'ellébore.

Henri de Gauldrée-Boilleau était, à cette époque, commissaire des guerres à Toulouse. Il devint plus tard, par héritage, marquis de Lacaze et fut député sous la Restauration. Il avait le don de la parole, s'occupait de lettres et s'exerçait au théâtre. En mars 1798, il avait fait représenter à Toulouse une pièce intitulée *les Vestales*, qui ne réussit pas. Le vieux Castilhon, qui était lui-même un bon littérateur, prit la défense de cette pièce et en appela

Du parterre en courroux au public éclairé.

Boilleau ne fut pas plus heureux avec une autre pièce intitulée *les Pèlerins*. Il fit recevoir au Théâtre-Français une première comédie, intitulée *la Belle-Mère*, puis une seconde avec le titre : *le Décacheteur*. Il ne semble pas qu'elles aient eu plus de succès.

A la suite de la VIIe satire toulousaine, on trouve à son sujet une note[1] ainsi conçue : — « Il fait des fables pour bâiller, des contes pour pleurer, des tragédies pour dormir et des drames pour rire. » Toutes ces critiques sont fort exagérées. Plusieurs ont cité avec éloge son conte sur l'*Origine de la Gaze*. Après l'avoir entendu lire par l'auteur, Auguste de Labouïsse-Rochefort a dit[2] qu'il y avait trouvé « de l'esprit à pleines mains, des vers charmans, de la fraîcheur, des choses qu'il faut retenir malgré soi ; on applaudit à vingt endroits ; toutes les opinions furent des complimens ». — Boilleau avait écrit plusieurs autres contes, tels que l'*Origine des Salams et des Jalousies*, *les Prières*, etc. On lui devait, en outre, un poème intitulé *l'Art de plaire* et un recueil de *Fables*.

1. Note 1, page 9.
2. *Trente ans de ma vie*, t. V, p. 404, n. 1.

Boilleau trouva plusieurs défenseurs parmi ses confrères de l'Athénée.

Dans sa *Contre-Satire*, Auguste de Labouïsse-Rochefort disait[1] :

> Laisse, laisse *Boilleau*, qui plaît quand il s'amuse,
> Dans des chants pleins de grâce offrir à la beauté
> Les scènes de l'amour et de la volupté.
> S'il nous peint les transports de Gnide ou de Cythère,
> Sa main n'arrache pas le voile du mystère.
> Ses contes sont jolis ainsi que ses couplets.
> Et ce n'est pas pour lui qu'on garde ses sifflets.

De son côté, son confrère Pié publia une pièce de vers où il disait :

> L'ingénieux *Boilleau* nous plaît et nous enchante
> Par les productions de sa verve abondante :
> Imitateur adroit des conteurs ses rivaux,
> Il a leurs agréments sans avoir leurs défauts ;
> Ses récits plus gazés ont aussi plus de grâce ;
> A l'esprit de Dorat il joint le goût d'Horace ;
> Ses écrits, en un mot, admirés en tous lieux,
> Pétillent de traits vifs, piquants, sentencieux.

Enfin, Taverne le louait ainsi :

> Quoi! ne trouver rien de bon, rien de beau,
> Dans le charmant, l'ingénieux *Boilleau!*...
> Il fut doté de l'heureux don de plaire,
> Ce don divin qui les renferme tous,
> Et dans ses vers, toujours piquans et doux,
> Il sut mêler le plaisant au sévère.

A tous ces éloges et à toutes ces critiques, le Satirique réplique par les vers suivants[2] :

> Vous avez prétendu que, pour peindre Boilleau,
> J'avais dans le venin détrempé mon pinceau,
> Et que, pour accomplir quelque vieille rancune,
> De ses vers *muscadins* j'ai détruit la fortune.

1. Pages 11 et 12.
2. II⁰ satire, pp. 13 et 14.

Ce reproche est bien sot, il est digne de vous.
Je n'ai pas provoqué cet ignoble courroux.
Quoi! vous voulez, Messieurs, dans vos fureurs rivales,
Décerner la couronne au père des *Vestales!*
Et, bravant à la fois la raison et le goût,
Retirer ce grimaud du fond de son égout?
Vous voulez qu'Apollon, par un excès de grâce,
Au sommet d'Hélicon lui réserve une place?
Vous plaisantez, sans doute, et vous n'y pensez pas;
En le plaçant si haut, il tomberait trop bas;
La chute est son partage et l'égout sa demeure,
Il faut qu'il y croupisse et qu'enfin il y meure...

Après avoir ainsi maltraité Boilleau, le Satirique passe à GASPARD LAFONT.

Ce dernier avait également écrit des contes, des épîtres et des pièces de comédie qui n'ont jamais été représentées. Mais il était surtout l'auteur d'un roman intitulé : *Nérine*[1], qui avait eu un si grand succès qu'il l'avait fait appeler *Lafont-Nérine*, pour le distinguer d'autres homonymes de l'Athénée, tels que Lafont-Gouzy et Lafont-Savine. Sous la Restauration, il prit le nom de *Lafont d'Aussonne*. Labouïsse-Rochefort, qui avait fait sa connaissance en 1798, a analysé son roman de *Nérine* dans ses « Mémoires et souvenirs », intitulés : *Trente ans de ma vie*[2], et a publié quelques-unes de ses lettres dont il a même donné un fac-similé[3] quoiqu'elles fussent sans grand mérite littéraire. Ce roman de *Nérine* constituait surtout une galerie de tableaux variés, à la façon de ceux de Lesage. C'est, du reste, aux mânes de cet écrivain que Lafont avait dédié son œuvre dans une épître préliminaire où on lisait ces vers :

Je peins le monde, et, mon crayon en main,
Comme Asmodée, en dépit des serrures,
Je montre aux yeux, sous un esprit badin,
Les fous, les sots, les bizarres figures
Dont est mêlé le pauvre genre humain.

1. *Nérine*, histoire angloise; 2 vol. in-18, par Gaspard Lafont aîné.
2. Tome IV, pp. 399 et suiv.
3. Tome IV, p. 405.

En une épître qu'il adressa à Lafont après avoir lu *Nérine*, Boilleau le comparait à Sterne ; puis, il ajoutait :

En vous lisant, on rit, on est ému ;
Dans vos tableaux toujours on se retrouve ;
Mais je crois bien qu'en ce siècle on n'improuve
Votre Nérine et son trop de vertu.

Nérine est sage, et Nérine est charmante ;
Nérine est jeune, et n'est point imprudente ;
Et fille, et veuve, arrive au dénouement,
Sans éprouver un seul enlèvement.

. . . . . . . . . . . . . . . . . .

Que votre plume, élégante et facile,
Suive toujours ses folâtres élans ;
Peignez le vice et ses débuts brillans,
Et nos vertus sous leur masque futile ;
Mettez en jeu nos divers sentimens ;
Faites pleurer, sans ces grands mouvemens,
Stériles fruits d'une plume stérile.
Que vos tableaux, toujours simples et vrais,
Parlent du cœur : ils auront plus de charmes.
L'esprit tarit la source de nos larmes,
Qui veut briller n'en fit couler jamais.

L'auteur des *Satires toulousaines* a pris à partie Lafont à plusieurs reprises :

Mais quel est ce grimaud qui marche sur tes pas ?
(ceux de Boilleau)

C'est *Nérine-Lafont* : loin de ces beaux climats,
Il voulut autrefois, aux rives de la Seine,
De ses productions enorgueillir la scène.
Mais, ô disgrâce affreuse ! ô destin rigoureux !
Et Paris et Toulouse eurent les mêmes yeux ;
Et Nérine-Lafont, rapportant par le coche
Ses drames, ses romans, ses manuscrits en poche,
Blanchit son frein d'écume, et, chez lui renfermé,
Relit un *opéra* dont lui seul est charmé.
Lui seul... non, je m'abuse : *Auguste Labouïsse...*

Lafont-Nérine est encore plus malmené dans la IIe satire[1]

1. Page 9.

et surtout dans la VII⁰ satire¹, où se trouve la note sui-
vante² : « Lafont a publié un roman sous le nom de *Nérine :* si on ne le sait pas, je l'annonce. Qu'on l'ait lu ou
non, on s'est tu, et c'est assez heureux pour l'auteur ; mais
la rage de composer l'étourdit : il fit des comédies, les refit
et partit ; il les offrit, on les prit, on lui promit, il se réjouit
et attendit ; on (les) lui rendit, il pâlit, il rougit, il gémit,
les reprit, on l'éconduit ; il repartit avec dépit et maudit son
esprit si petit ; ici, content de son délit, il écrit, pâlit, on
rit, fuit le bruit, lit sans fruit, vit avec appétit dans son aca-
bit, et la nuit, dans son lit, il relit son manuscrit et jouit. »

Auguste de LABOUÏSSE-ROCHEFORT a essayé de défendre les
mérites littéraires de Gaspard Lafont dans plusieurs passa-
ges de ses « Mémoires et Souvenirs », intitulés : *Trente ans
de ma vie³.* Rien n'est resté des œuvres de son contempo-
rain. Et lui-même a été vivement attaqué par les *Satires
toulousaines.* Après l'avoir montré venant au secours de
*Nérine-Lafont,* le Satirique ajoute :

Je pourrais bien encore, dans son excès de zèle,
De *Labouïsse* amoureux, de Labouïsse fidèle
Pardonner les transports, les feux et le bonheur,
Pourvu qu'il renonçât au métier de rimeur⁴.

Et il termine sa deuxième satire en disant aux membres
de l'Athénée⁵ :

*Labouïsse* est tout entier à l'objet qu'il adore ;
Ne le détournez pas de son *Éléonore ;*
Laissez-le à ses genoux bêtement soupirer,
Et ne l'obligez pas, de grâce, à délirer.
Il vous a compromis, et, par sa maladresse,
Révélé son néant et votre petitesse.
Si vous encouragez ses imprudents travers,
Vous ne pouvez pas mieux justifier mes vers.

1. Page 6.
2. Note 9.
3. Voir, notamment, t. IV, pp. 308, 330, 382, 398, 403, 439 et 517, et
t. V, pp. 52, 63, 508, 515, 528 et 531.
4. II⁰ *Satire toulousaine*, p. 14.
5. Pages 21 et 22.

De Labouïsse-Rochefort, comme il se signait en 1832, était, à cette époque, entreposeur des Tabacs et des Poudres. Il avait été ancien receveur principal des contributions indirectes. Originaire de Saverdun, il a passé sa vie, qui fut longue, à publier toute espèce de livres, en vers et en prose. Pendant qu'il était en résidence à Narbonne, en décembre 1814, il avait essayé d'y créer une Académie littéraire[1]. Il avait fini par se fixer à Toulouse, où il avait établi une imprimerie, principalement occupée à publier ses œuvres. On a de lui de nombreux volumes, très verbeux, et principalement des compilations où l'on trouve de précieux renseignements sur les personnes et sur les choses de son temps, notamment dans ses « Mémoires politiques et littéraires », intitulés : *Trente ans de ma vie*, et allant de 1795 à 1826, dans son *Journal de Castelnaudary*, dans son *Voyage à Rennes-les-Bains*, et plusieurs autres.

Il a consacré tout un volume de vers à sa femme, *Éléonore*, dont il a vanté les mérites et les charmes dans la plupart de ses ouvrages. Il ne s'est pas oublié lui-même, notamment dans ses *Mémoires*[2] et dans ses *Mélanges*[3], où il a raconté sa vie littéraire.

Voici comment le Satirique de 1803 l'a peint dans une note de la VIIe satire[4] :

On saura que cet auteur est noble, qu'il est riche, qu'il est jeune, qu'il est gentil, qu'il est poète, qu'il est prosateur, qu'il est marié, qu'il est père, qu'il aime sa femme, ses vers plus que sa femme et la gloire plus que ses vers; mais, comme il est fort ennuyeux d'être toujours prosterné devant sa femme ou devant son portefeuille, il a résolu de célébrer la première et d'imprimer le second; en conséquence, il a publié un *Calendrier*. C'est là, qu'en vers durement prosaïques, il chante son Éléonore, et qu'il a la modestie de mêler ses méchantes rimes avec la brillante poésie de Voltaire, de Tressan, de Colardeau, etc... Il n'est pas possible d'être plus fou.

1. *Trente ans de ma vie*, t. VIII, pp. 555 et suiv.
2. Tome IV, p. 569.
3. Page xxii de la post-face, note.
4. Note 24, p. 22.

De Lafont-Nérine et de Labouïsse Rochefort, le Satirique passe à BERNARD TAJAN, avocat, en ce moment secrétaire de l'Athénée :

> Debout à leurs côtés, *Tajan* aux yeux hagards,
> Jette sur l'Hélicon de dédaigneux regards ;
> Et, sûr d'avoir un jour rendu dans l'Athénée
> Un prolixe détail des travaux de l'année,
> Sa notice à la main, se proclame avec feu
> L'héritier des talents de défunt Montesquieu [1].

Le Satirique ajoute dans la deuxième satire [2] :

> Mais vous n'exigez pas qu'en juge bénévole
> Je m'humilie au point de prendre votre rôle,
> D'admirer avec vous la prose de Tajan.

Bernard-Antoine Tajan était un des meilleurs avocats du barreau toulousain. Il se distingua plus tard dans le procès de Fualdès, à côté de Romiguières et de Dubernard. On connaît de lui plusieurs discours et éloges funèbres, une analyse des *Histoires de France et d'Angleterre*, un *Précis historique des campagnes de Bonaparte*, etc. A sa mort, il était membre de l'Académie des Jeux Floraux et de l'Académie des Sciences de Toulouse. Dumège lui a consacré une notice chronologique où il a relevé ses mérites et rendu hommage à ses services académiques [3].

Pendant la Révolution, il s'était affublé du nom d'*Aristide*. Une note de la IXe satire [4] ajoute : « Et ce qu'il y a d'extraordinaire, c'est qu'un homme d'esprit trouva des rapports entre les deux personnages : Athènes se lassa d'entendre appeler le premier le plus juste des hommes et Toulouse est harassée de voir nommer le second le plus stupide. »

Sous le Consulat, il était devenu chef de division à la Préfecture, et, après l'établissement de l'Empire, ce fut lui

1. Ire notice, p. 3.
2. Page 15.
3. *Mémoires de l'Académie des Sciences de Toulouse*, 3e série, t. VI, pp. 229 et suiv. (année 1850).
4. Page 14, note 4.

qui contribua le plus à la reconstitution des anciennes Académies de Toulouse après la chute de l'Athénée.

Saint Jean a été mis par les *Satires toulousaines* sur le même rang que Bernard Tajan. Après avoir demandé de ne pas admirer la prose de Tajan, le Satirique ajoute :

Et les burlesques vers de l'orateur Saint-Jean.

Nous avons déjà montré l'abbé Saint-Jean, prébendier de Saint-Etienne et prieur de Roquesorrière, embrassant la Révolution au point d'aller prêcher au temple de la Raison et d'y proposer d'élever un buste à Marat[1], se ralliant à Napoléon dès le temps du Consulat et mourant sous la Restauration en professant des opinions ultra-catholiques et ultra-royalistes. Quoique menacé de cécité, il a beaucoup étudié et beaucoup écrit. Plusieurs de ses discours ont été couronnés, notamment celui-ci sur le sujet suivant : *Les temps de calme et de paix sont-ils plus propres au développement du génie que les temps de trouble et d'orage ?* (couronné par l'Académie des Jeux Floraux) et *Le moyen de nationaliser les spectacles* (couronné par l'Académie de Châlons-sur-Marne).

Il avait été chargé de professer l'histoire d'abord au Collège royal sous la Monarchie, puis à l'Ecole centrale pendant la Révolution. Une note[2] de la IXᵉ satire (*Réponse au libelle ordurier intitulé « Ma Réclamation »*) l'accuse d'avoir placé « le Vésuve en Sicile », sans doute « en sa qualité de répétiteur de géographie ».

Malgré toutes ses palinodies, on peut considérer l'abbé Saint-Jean comme un érudit ne manquant pas de littérature, mais abusant de sa facilité à parler et à écrire.

Parmi les membres de l'Athénée, un des plus assidus était Pié, membre du jury d'instruction. C'était un ancien doctrinaire. Il avait écrit un poème sur le *Ver à soie* et des imitations d'Ossian. On citait également de lui une *Epître*

1. Satire IXᵉ, note 1, p. 13.
2. Note 1, p. 13.

*à une mère sur l'éducation de sa fille* où se trouvait ce vers qui avait été fort admiré[1] :

> L'esprit a sa pudeur ainsi que la beauté,

Le Satirique toulousain l'entreprend en ces termes :

> *Pié*, des neuf chastes sœurs clandestin favori,
> Se promène, toujours de lui-même ravi ;
> Mais l'orgueil vainement sur son front se déploie.
> Il n'a vécu qu'un jour, comme son *Ver à soie* [2].

Dans la VIIe satire, il dit[3] :

> Je veux railler ce *Pié*, dont la muse gothique
> Osa ceindre en nos murs le laurier poétique.

Et, en sa note 5, il ajoute : — « Que dire de ce pauvre homme? Ses vers disent tout. »

Une note de la IXe satire[4] l'accuse enfin de plagiat. Elle rappelle les débuts de son *Epitre a une mère sur l'éducation de sa fille* qui commence par ces vers :

> Lorsqu'une tendre rose au printemps vient d'éclore
> Des baisers du Zéphir et des pleurs de l'Aurore.

et les rapproche de ceux du troisième chant de la *Henriade* :

> Telle une tendre fleur qu'un matin voit éclore
> Des baisers du Zéphir et des pleurs de l'Aurore

Pié n'était pas cependant sans mérite. Il avait été l'ami et le compagnon de Marie-Joseph Chénier et de Legouvé, qui appréciaient son talent littéraire.

Le poète POMPIGNAN portait un nom qui obligeait. Le Satirique dit qu'il était « vraiment fou », qu'il « imprimait des rêves creux, sans songer que ses écrits étaient des

1. *Contre-Satire*, par Labouïsse-Rochefort, p. 17, note 8.
2. Ire Satire toulousaine, p. 3.
3. Page 5.
4. Page 13, note 2.

rêves », et il le traite « d'enfant dégénéré de cet illustre
Lefranc, qui enrichit la scène de *Didon* » tandis qu'il « l'avi-
lissait » avec son *Verdiguier*[1]. Il le prend de nouveau à
parti dans sa deuxième satire et dit :

> Pourquoi, de son aïeul indigne rejeton,
> De l'esprit et du goût ridicule avorton,
> Lefranc a-t-il osé, fouillant les immondices,
> Du jargon des faubourgs infecter les coulisses?

L'auteur des *Satires toulousaines* s'est également attaqué
à trois auteurs dramatiques qui ont laissé un nom dans le
théâtre de leur temps. Ce sont d'abord Cailhava, puis Michel
Dieu-la-Foi, enfin Gaugiran-Nanteuil.

CAILHAVA, originaire de Gragnague, aux environs de Toulouse, est particulièrement maltraité. Il était alors membre
de l'Institut (plus tard Académie française). Il avait publié
un *Traité de l'art de la comédie* et fait jouer de nombreuses comédies, notamment l'*Égoïste*, le *Tuteur dupé*,
les *Ménechmes grecs* et rétabli en cinq actes le *Dépit amoureux* de Molière.

GAUGIRAN-NANTEUIL était alors tout jeune et s'était fait
remarquer par plusieurs comédies, telles que le *Pacha de
Surène*, la *Bonne-Mère* et la *Petite école des Pères*.

Quant à MICHEL DIEULAFOY (Joseph-Marie-Armand-Michel),
il était né à Toulouse en 1762. Il avait d'abord embrassé la
carrière du barreau ; mais, n'y trouvant pas son profit, et,
d'ailleurs, poussé par son humeur aventureuse, il s'était
rendu à Saint-Domingue et y avait fait une grande fortune
en exploitant une plantation lorsqu'il fut ruiné par l'insur-
rection des nègres en 1791. Il faillit même perdre la vie dans
les massacres du Cap en 1793. Rentré en France, il ne
tarda pas à se faire une brillante réputation comme chan-
sonnier, comme auteur dramatique et surtout comme vaudevilliste. Ses pièces étaient pleines d'esprit et de gaieté. Il
débuta par le *Moulin de Sans-Souci*, qui fut joué en 1798.

1. I<sup>re</sup> Satire, p. 10.

Sa comédie de *Défiance et Malice*, à deux personnages seulement, jouée en 1801, eut un succès prodigieux et a été traduite en plusieurs langues. Il en fut de même de son *Portrait de Michel Cervantès* (1802).

Dans la suite, on cite de lui les *Pages du duc de Vendôme* (1807), *Bayard au Pont-Neuf* (1808), *la Robe et les Bottes* (1810), le *Duel par la Croisée* (1818), la *Pauvre Fille* (1823).

C'était un épicurien, à la morale facile et peu dévote. Mais ayant été assailli prématurément par de cruelles infirmités, il se réconcilia avec l'Eglise, et, peu d'instants avant de mourir, il dicta les vers suivants que les journaux du temps nous ont conservés :

> Folles vanités de la vie,
> Effacez-vous de mon esprit ;
> Mon âme n'a plus qu'une envie,
> C'est d'embrasser son Dieu, c'est de voir Jésus-Christ.
> Bien adorable, ô seul bien qui me reste !
> Hâte-toi de répondre à mes vœux, à ma foi !
> Ouvre-moi, Dieu clément, ta demeure céleste !
> La véritable vie est de vivre avec toi.

On ne s'attendait guère à de pareils sentiments de la part d'un vaudevilliste. Mais on était en 1823, et, après avoir chanté l'Empire, Dieulafoy s'était tourné du côté de la Restauration et en professait toutes les doctrines politiques et religieuses.

Voici comment les *Satires toulousaines* parlent de ces auteurs dramatiques alors en vogue à Toulouse[1] :

> Mais vous, qui, dans Paris, réprouvés par les Muses,
> Faites aux boulevards extasier les buses,
> Michel dit Dieu-la-Foi, Gaugiran dit Nanteuil,
> Cailhava-d'Estandous, de Gragnague l'orgueil,
> Cailhava-d'Estandous, savetier de Molière,
> Vous n'échapperez pas aux coups de l'étrivière.
> Dans Toulouse élevés, dans Toulouse nourris,
> Vous alliez loin de nous recueillir le mépris,

1. I<sup>re</sup> Satire, p. 4.

Et, de mille badauds ameutant la cohue,
Opposer l'impudence au bon goût qui vous hue.
Puisse le Dieu des vers pour prix de vos exploits,
Vous bâillonner la bouche et vous rogner les doigts!

La deuxième satire reprochait à Cailhava d'avoir rétabli
le *Dépit amoureux* en cinq actes :

Ah! dites-moi, Messieurs, pourquoi, par quel délire,
Cailhava de Molière a-t-il touché la lyre?
Pourquoi, cédant aux vœux de son cœur orgueilleux,
Osa-t-il ravauder le *Dépit amoureux?*
Pourquoi votre Nanteuil, avilissant la scène,
Osa-t-il la doter du *Pacha de Surène?*
Pourquoi ce Dieulafoi, dans son zèle indiscret,
De *Cervantès* a-t-il mutilé le portrait [1]?

Labouïsse-Rochefort prit le parti de Cailhava et de Dieulafoy dans la *Contre-Satire* et leur adjoignit Lecomte, marquis de LA TRESNE, ancien avocat général au Parlement,
qui s'était lié d'amitié pendant l'émigration avec Fontanes
et Chateaubriand.

... Toulouse enorgueillie
A donné trois amants à l'aimable Thalie :
L'un (Cailhava) peignit l'*Egoïste* et le *Tuteur dupé;*
L'on crut retrouver Plaute, on ne fut pas trompé.
L'autre (Dieu-la-Foy) vint après lui, dans une heureuse esquisse,
Sur la scène montrer *Défiance et Malice;*
Un troisième (le marquis de la Tresne) parut sur les *Questionneurs*
Versant le ridicule en vers gais et moqueurs [2].

BARRAU s'exerçait également au théâtre. C'était un révolutionnaire exalté qui avait écrit une tragédie sur la *Mort
de Marat*. Dans sa note de la première satire, le Satirique
le désigne ainsi : « Auteur d'une tragédie dégoûtante sur un
personnage encore plus dégoûtant [3]. » Et dans la deuxième
satire (p. 16), il ajoute :

1. Page 16.
2. *Trente ans d'une vie*, t. V, p. 517.
3. Page 9.

Pourquoi votre *Barrau*, dans des rimes tragiques,
Osa-t-il consacrer des forfaits politiques?

L'auteur des *Satires toulousaines* critiquait également l'ancien rédacteur en chef du *Nouvelliste national* ou *Journal de Toulouse*, AUGUSTE GAUDE, qui était un des collaborateurs habituels de l'*Almanach des Muses* et qui avait publié un poème intitulé *Zélis*, un autre poème sur la *Religion*, enfin des poésies érotiques. Si nous en jugeons par deux poésies que nous a conservées le *Nouvelliste national*, — *La plus Aimable*[1] et le *Retour à la tendresse*[2], — ses mérites littéraires étaient assez médiocres. Cependant, Labouïsse-Rochefort l'a vivement défendu dans sa *Contre-Satire*. Après avoir parlé des sifflets qui ne sont pas pour Boileau, il ajoute :

O Gaude, seraient-ils pour ton charmant ouvrage,
Toi qui sus de La Harpe obtenir le suffrage,
Toi qu'Imbert chérissait, que Bourdic estima,
Toi que pour Apollon l'Amour même forma ?
On peut, blâmant en toi trop de délicatesse,
Gronder ta modestie et surtout ta paresse ;
Oui, blâmer ta paresse et non pas tes écrits :
Érato les dicta, Vénus en fut le prix.

A tous ces rimeurs ou conteurs habituels de l'Athénée, il faut encore ajouter : — un poète du nom de DALLES, auteur de plusieurs poésies, dont un sonnet, couronné par l'Académie des Jeux Floraux; — un professeur, appelé PAGUE, dont on citait une églogue, qu'on l'accusait d'avoir fabriquée avec deux autres églogues de l'abbé Maugenot et de M^me de Montégut, couronnées en 1718 et en 1750 par l'Académie des Jeux Floraux; — les deux TAVERNE, dont l'un, ancien bâtonnier de l'ordre des avocats, avait été trois fois couronné par l'Académie des Jeux Floraux et avait remporté des prix de poésie à Marseille et à Montauban, et l'autre, curé de Saint-Michel, à Toulouse, avait écrit un

1. T. I, p. 183.
2. T. I, p. 405.

*Eloge de Marmontel* et avait fait partie du clergé constitutionnel en 1791; — JAMME, dont nous avons déjà parlé,
et qu'une note (20) de la VII⁰ satire nous fait connaître
ainsi : « ex-chevalier ès loi, ex-bâtonnier de l'ordre des
avocats. Après avoir escroqué quelques prix aux membres
de l'Académie des Jeux Floraux, il entra dans ce corps et
y fut trente ans le soutien du mauvais goût. Admis, on ne
sait pourquoi, dans celle des Sciences, Inscriptions et Belles-Lettres, il s'y distingua par son silence. Devenu membre du Lycée, il mit le désordre dans cette association. On
connaît ses querelles au sujet d'Antonius Primus et de Marat. Ses odes, ses poèmes, ses églogues, ses idylles, ses élé-
gies, ses discours, ses compliments, ses plaidoyers sont au-
dessous du médiocre; et cependant il se compare à Jean-
Baptiste Rousseau, à Voltaire, à Fontenelle, à Parny, à
Thomas, à d'Aguesseau, à Cochin... Quelle audace! »

Quoi qu'en aient dit les *Satires toulousaines,* les littérateurs de l'Athénée n'étaient pas sans mérite; mais ils se res-
sentaient du goût de l'époque, se contentant de la prose
pompeuse et de la poésie facile, sans ingéniosité dans l'idée
et sans pittoresque dans l'expression. Les plus distingués
eux-mêmes, tels que Baour-Lormian et Cailhava, appartenaient à cette école vieillie qui allait bientôt disparaître. Dans
tous les cas, ils étaient nombreux et montraient que, malgré les perturbations politiques et les troubles révolution-
naires, le culte des lettres s'était maintenu à Toulouse et y
comptait de fervents adeptes.

Il en avait été de même pour les Sciences proprement dites. Cependant, l'auteur des *Satires toulousaines* ne les
avait pas davantage ménagés. Il les interpelle ainsi dans la
première satire :

J'aperçois... le discoureur *Bailly,*
Le prophète *Vidal,* le pesant *Klevanski*[1].

Nous avons déjà fait connaître le Polonais KLEVANSKI,

1. Première satire, p. 5.

qui s'était établi à Toulouse depuis déjà une vingtaine d'années et avait su y gagner l'amitié de Paul-Louis Courier, avec lequel il avait entretenu une correspondance suivie sur la littérature ancienne et sur les antiquités grecques et latines.

L'astronome VIDAL était né à Mirepoix (Ariège) en 1747. Très épris de la science astronomique, il était venu à Toulouse se former à l'école de l'ingénieur Garipuy père, dont il sut gagner l'amitié et avec lequel il fit quelques observations en 1769. Présenté par ce dernier à Riquet de Bonrepos, petit-fils du célèbre auteur du canal du Languedoc, qui avait établi un observatoire dans une des tours de son château de Bonrepos, aux environs de Verfeil, celui-ci le prit comme auxiliaire et, finalement, lui confia la direction de son observatoire. C'est là que Vidal commença la série de ses observations méridiennes de Mercure, qui le firent remarquer des grands astronomes de l'époque et, en particulier, de Lalande, qui l'appela le « Trismégiste de Mercure ». A la mort de Riquet de Bonrepos, en 1791, Vidal était devenu propriétaire des instruments composant l'observatoire du château de Bonrepos et les avait fait transporter dans sa maison, à Mirepoix, où il avait établi un observatoire, qu'il rendit célèbre par le nombre et par l'importance de ses observations. En 1797, le Bureau des longitudes avait fait nommer à la direction de l'observatoire de Toulouse Jérôme Hadancourt. Mais celui-ci étant mort en 1800, Vidal fut appelé à lui succéder, devint correspondant de l'Institut en 1801 et ne tarda pas à faire de nouvelles observations qui attirèrent sur lui l'attention du monde savant. Telle fut, en 1803, l'observation des deux planètes, Jupiter et Vénus, en même temps que du bord du soleil, qui lui permit de fixer leur déclinaison. Doué d'une acuité de vue extraordinaire, il avait inventé, en outre, des procédés ingénieux, restés inconnus, qui lui avaient permis de protéger ses yeux contre l'éclat éblouissant du soleil pendant ses observations restées célèbres dans les annales de l'astronomie, à cause de leur extrême difficulté et de leur parfaite précision, ainsi que cela a été vérifié avec les instruments beaucoup plus puissants et bien plus parfaits dont on peut user aujourd'hui. Vidal s'était également occupé de mesures géodésiques. En 1787, il avait fait avec Reboul un nivellement très soigné du Pic-du-Midi de Bigorre, et préparé les voies au général de Nansouty, pour y fonder un observatoire météorologique dont il avait prévu l'utilité scientifique. Au moment où parurent les *Satires toulousaines*, Vidal était directeur de l'Observatoire de Toulouse. Mais peu après, en 1807, il donna sa démission et retourna à Mirepoix. Il y continuait ses travaux et était occupé à observer une comète par un temps gracial, lorsqu'il fut frappé d'une attaque d'apoplexie et mourut le 2 janvier 1819.

Quant à BAILLY, c'était un géomètre dont les « toisés » faisaient autorité.

Dans la VII<sup>e</sup> satire [1], il est question

De Saget, vil athée, en gaz érigeant l'âme ;

Et une note ajoute [2] :

« Connaissez-vous Saget ? Non. Savez-vous qu'il se dit le plus grand homme de l'univers ? Non. Savez-vous qu'il a été un petit professeur dans la petite ville d'Auch ? Non. Savez-vous que les brocards l'en chassèrent ? Non. Savez-vous qu'il passe au creuset et ce qu'il connaît et ce qu'il ne connaît pas ? Non. Savez-vous qu'étant du jury d'instruction, il se fit abhorrer des gens instruits ? Non. Savez-vous qu'étant président de la Société d'Agriculture, il se fit rire au nez par les honnêtes gens qu'il présidait ? Non. Savez-vous qu'il n'est plus rien ? Non. Et pourquoi ne savez-vous pas tout cela ? *Non omnia possumus noscere.* »

Dans la note qui suivait sa première satire, le Satirique n'avait pas ménagé l'abbé BERTRAND « vieux disciple de merveilles, courant après les tableaux et coquillages, les médailles et les cailloux, sans connaître les arts, la nature et Buffon »; mais, dans la note 16 de la VII<sup>e</sup> satire, il désavoue cette appréciation. « Je connais, disait-il, les ser-

1. Page 24.
2. Note 3, p. 31.

vices qu'il a rendus aux Naturalistes et aux Antiquaires en leur communiquant sans réserve tout ce que son cabinet renfermait de précieux ».

Ce qu'il y a de remarquable, c'est que l'auteur des *Satires toulousaines* n'ait rien dit de Jean-Pierre-Casimir Marcassus, baron de PUYMAURIN, qui marchait sur les traces de son père, cultivant les arts en même temps que les sciences, et qui devait devenir directeur de la Monnaie et des Médailles ; — ni de PICOT DE LAPEYROUSE, connu par ses travaux sur l'histoire naturelle et estimé par les savants les plus illustres de son temps, tels que Linnée, Buffon, Daubenton, Mauduit, Lacépède. Ils faisaient pourtant partie de l'Athénée, et, à elles seules, leurs communications étaient de nature à illustrer cette société.

Les médecins étaient nombreux à l'Athénée. Aucun d'eux n'a laissé un nom considérable dans la science, si ce n'est LARREY, alors directeur de l'Ecole de médecine de Toulouse et qui devait devenir peu après chirurgien en chef de la Garde Impériale. Aussi, le Satirique a-t-il beau jeu lorsqu'il entreprend « le grand Cabiran »,

Avec son habit noir égayant ses malades;

TARBÈS, qui faisait des essais avec la vaccine, alors à ses débuts, « écrivain incorrect et pesant, mettant la chirurgie en phrases et courant après les diplômes et les couronnes » ; — SAVY, PONTIÉ, CARBONEL, BERGERON, FERRIÉ, « toujours à la piste des élèves et des écus pour hébéter les premiers et encaisser les seconds » ; — LAFONT, « courant après les livres et les malades, la physique et la fièvre, la politique et la chimie, mécontent de tout, boudant et censurant tout le monde » ; — GARDEIL, qui avait traduit les œuvres complètes d'Hippocrate ; — LACOSTE, de Plaisance, auteur d'un *Traité d'histoire naturelle* ; — TOURNON, qui avait publié la *Flore du département de la Gironde* et que le Satirique appelle un « médecin mirliflore »; puis, il ajoute : « Les membres de l'Athénée disent qu'il a fait une flore. Je ne lui

H.

connais d'autre mérite que celui d'avoir perfectionné le charlatanisme, l'empirisme et le pédantisme dans la pratique
d'un art qui devrait en être dépouillé[1] ».

Les peintres, les sculpteurs, les architectes ne furent pas
épargnés par le Satirique. C'étaient Joseph MALLIOT, peintre
et antiquisant, ancien directeur des Ecoles de l'Académie des
Beaux-Arts, auteur d'un grand ouvrage intitulé : *Recher-*
*ches sur les costumes, les mœurs, les usages religieux, ci-*
*vils et militaires des anciens peuples, d'après les auteurs*
*les plus célèbres et les monuments antiques ;* 3 volumes in-4°
ornés de trois cent planches gravées au trait, et de nombreuses notions sur les artistes toulousains, insérées dans les
Mémoires de l'Académie des Sciences, dont il avait fait
partie; — Jean BRIANT, inspecteur du Muséum, dont notre
érudit confrère M. Ernest Roschach nous a fait connaître
la biographie et les mérites artistiques; — Jean-Paul LUCAS,
peintre médiocre, mais passionné pour son art, qui avait
sauvé de la destruction, pendant la période révolutionnaire,
un grand nombre de tableaux et de statues provenant des
églises et des couvents en obtenant de les réunir dans un
« Muséum », dont il avait été nommé « démonstrateur », et
qui est aujourd'hui le Musée établi dans l'ancien couvent
des Grands-Augustins, sur la rue Alsace-Lorraine. Le Satirique nous le représente ainsi :

> ..... *Lucas* en redingotte
> Promène fièrement son masque et sa marotte,
> Commente les tableaux, nous parle gravement
> Des ballots envoyés par le Gouvernement,
> De Susanne et de Job nous raconte l'histoire,
> Nous dit que Raphaël avoit assez de gloire,
> Et que David lui-même, après mille travaux,
> Avec quelque succès mania les pinceaux.

Toulouse s'est toujours signalée par son goût pour la musique. Ce goût se développa et se manifesta surtout pendant
la période révolutionnaire : hymnes, symphonies, concerts,

1. Note 10 de la VII° satire, p. 18.

marches guerrières, chansons, airs à danser, sons grêles des
flûtes et des violons, éclats sonores des cuivres et des tambours, chœurs de chanteurs que l'on assemble par centaines
pour les fêtes patriotiques et même pour les simples fêtes,
décadaires, ce fut une véritable débauche dans la rue comme
au théâtre, aux clubs populaires comme aux assemblées politiques. La Révolution réquisitionna jusqu'aux clochers
pour faire retentir de bruyants carrillons, excitant la foi
commune en l'avenir républicain, l'exaltation mystique en
un avenir humanitaire. Elle s'empara des églises et des con-
vents pour y grouper de gré ou de force, chaque décadi, une
multitude de chanteurs. La musique fut l'âme de toutes les
fêtes, et ces fêtes étaient multipliées pour stimuler le zèle
civique, l'ardeur patriotique, le courage militaire. Il y eut
des fêtes nationales, des fêtes sociales, des fêtes humaines,
des fêtes agricoles. On chanta des hymnes à la Liberté, à la
Raison, à l'Etre suprême, à la Nature.

Un décret du Directoire ayant ordonné que fussent pro-
clamés, à la fête du 22 septembre 1796, les noms des
« poètes et compositeurs qui ont contribué à l'ornement des
fêtes nationales depuis la conquête de la liberté, et auxquels
la Nation adresse un tribut de reconnaissance », la liste des
poètes énuméra Marie-Joseph Chénier, Lebrun, Desorgues,
Coupigny, Rouget de l'Isle, Baour-Lormian, Varon, Davri-
gny, Pillet, Flins, Lachabeaumière et la citoyenne Pipelet ;
la liste des musiciens : Gossec, Méhul, Catel, Berton, les
frères Jadin, Lesueur, Langlé, Lefèvre, Eler, Pleyel, Mar-
tini.

L'inspiration des musiciens dépassa de beaucoup celle des
poètes et ils créèrent un art véritablement national. Gossec
était un génie musical de second ordre; mais son esprit
était actif et sa fécondité fut prodigieuse : son *Chant du
14 juillet* compte encore aujourd'hui de fervents admira-
teurs. Méhul se montra supérieur et tint à une grande hau-
teur le drapeau de l'art français. Lesueur fit preuve de génie
hardi et précurseur. Dalayrac, que Toulouse revendiqua
particulièrement, quoiqu'il fût originaire de Muret, se dis-

tingua par son inspiration charmante. Berton avait un esprit fin et distingué. On voit leurs œuvres sans cesse jouées
et chantées à Toulouse, et servant de modèles aux compositeurs toulousains.

Il en fut surtout ainsi pour les séances publiques de
l'Athénée. Mais ce n'est pas là seulement que les musiciens
aimaient à se réunir. Ils préféraient de beaucoup l'ancienne
église des Pénitents bleus, devenu le temple décadaire pendant la période révolutionnaire. Aussi les retrouvons-nous
plus particulièrement dans une satire dont nous n'avons pas
encore parlé et qui était intitulée : *Les Pénitents bleus* [1].

Parmi les compositeurs de « symphonies » se distinguait
CHALVET DE GOUJOUSE. On le considérait comme habile dans
son art, et ses œuvres paraissent avoir été fort goûtées du
public. Cependant, les *Satires toulousaines* le dépeignent
ainsi [2] :

> *Goujouse*, justes Dieux, qui, maudit d'Apollon,
> Fait, depuis cinquante ans, miauler son violon,
> Qui, ployant sous le faix des cahiers de musique,
> Etale en cent concerts son ridicule antique,
> A quiconque soffle adresse un doigt de cour
> Et compose, et chantaille, et râcle tour-à-tour.

Les chanteurs, tels que BERJAUD et VITRY, n'étaient pas
moins ridiculisés :

> Quel est donc ce chanteur dont la burlesque voix
> Grimace dans ses tons le chantre ailé des bois,
> Singe de ce Martin que tout Paris renomme,
> *Berjaud*, ce *quid potis* du salon de Saint-Rome?
> Quelle est cette momie à l'aigre et dur fausset
> Qui jamais près de lui n'a gardé le *tacet*,
> *Vitry*, cet Amphion, seul Linus de Toulouse,
> Aussi cher à Berjaud qu'à Chalvet de Goujouse!...
> Vitry, sans voix, sans goût, sans méthode et sans grâce,
> Pourrait d'enfant de chœur occuper une place,
> A moins que, fatigué de servir de jouet,
> Pour son bien et le nôtre, il gardât le *tacet* [3].

1. In-8º de 11 pages.
2. 1re satire. p. 7.
3. 1re satire, p. 21.

Puis viennent :

> BÉGUILLET, JOUILLAC, DESPORTE, SAINT-ANDRÉ,
> Hurlant, beuglant, bramant au suprême degré,
> Emules des crapauds et du peuple aquatique,
> Rassemblent chez ALQUIER leur infernale clique,
> Et, bravant les brocards d'un public assourdi,
> A se faire siffler s'excitent à l'envi [1].

Il paraît que Baour-Lormian ne se bornait pas à faire des poésies et à lire ses vers. Il cultivait en outre la musique et avait des prétentions pour le chant. Il s'était lié avec le musicien Berjaud, et tous deux cherchaient à se faire valoir de leur mieux en public. Aussi le Satirique des *Pénitents bleus* s'amuse-t-il à les présenter ensemble comme s'étant transformés le poète en chanteur et le chanteur en poète [2].

> *Berjaud* et *Lormian*, enfans de l'inconstance,
> Changent tous deux de rôle et gardent leur démence.
> *Berjaud*, dont tant de fois j'ai puni les travers,
> Déserte le pupitre et colporte les vers;
> *Baour*, qui sur les vers eût pu fonder sa gloire,
> Dédaigne les lauriers du temple de Mémoire,
> Veut brailler à son aise, élargit son gosier,
> Et disloque son col à force de crier.
> Au surplus, tous les deux sont d'une égale audace :
> Si l'un fuit le lutrin, l'autre fuit le Parnasse;
> Tous deux de chant, de vers se gorgent tour à tour.
> *Baour* vit dans *Berjaud*, *Berjaud* vit dans *Baour*;
> Et, pour que toujours l'un soit de l'autre interprète,
> *Baour* s'est fait chanteur, *Berjaud* s'est fait poète.

Après les chanteurs, nous faisons connaissance avec les musiciens de l'orchestre : RIVALS (violon), FERRAND (alto), BARIC (basson), DULAURIER (clairon), AZIMON, MONROUX, CHEVERNY (cors), et une foule d'autres, sous la direction du chef d'orchestre DESPOUY.

Enfin, viennent les chœurs, et le Satirique des *Pénitents bleus* ajoute [3] :

1. Ire satire, pp. 7 et 8.
2. *Les Pénitents bleus*, p. 8.
3. Page 9.

Après de tels portraits, puis-je encore disserter
Sur ces chœurs infernaux que je n'ose citer ?
Ces chœurs où mille cris se heurtent, se confondent,
Font retentir au loin les échos qui répondent,
Et, par leur faux-bourdons et leurs mugissemens,
Des habitans des bois singent les hurlemens.

Le tableau de la vie toulousaine ne serait pas complet si le Satirique n'ajoutait à ses critiques plus ou moins exactes les gens de théâtre qui faisaient partie de l'Athénée ou qui s'y faisaient habituellement entendre. Il nous les montre avec leurs caractères et dans les rôles qu'ils avaient coutume de jouer. C'étaient : — ARNAUD, auquel il reproche d'avoir « entrepris la haute comédie » et de « faire croasser sa burlesque voix » en jouant tour à tour Sganarelle, Corneille et Marivaux ;

SAINT-ANDRÉ,

Adonis rubicond, dont la bouillante tête
S'évapore, et s'agite, et se brise en éclats ;

GRIFFOUL-DORVAL, un « grotesque » comme Drouin qui suit.

DROUIN avait une voix sonore. Aussi, quand il jouait, par exemple, le rôle d'Orosmane, il faisait fuir le public, qui, « le bruit de ses poumons ayant ébranlé la salle », « craignait d'être enseveli sous ses ruines ». Il passait cependant pour jouer avec finesse le rôle du *Glorieux* et celui de Damis dans la *Métromanie*.

Parmi tous les acteurs de cette époque qui s'étaient fixés à Toulouse, le plus turbulent fut assurément DESBARREAUX, dont le fils naturel, le docteur Desbarreaux-Bernard, fut un des membres les plus distingués et les plus honorés de l'Académie des Sciences. De son vrai nom, il s'appelait Hyacinthe Pelot et était né vers 1756 à Chèzeneuve, canton de la Verpilière, département de l'Isère. Il avait emprunté son nom d'acteur à un poète épicurien du dix-septième siècle, connu par ce vers célèbre :

Grand Dieu, tes jugements sont remplis d'équité.

Avant son arrivée à Toulouse, il avait joué à Genève, ainsi que le fait présumer une pièce de vers imprimée qui a pour titre : *Mes Adieux à Genève, épître à mes amis.* Dès le début de la Révolution, il s'était signalé par ses opinions avancées. Aussi le Satirique dit-il de lui :

> Et *Pellet-Desbarreaux*, émule de Brutus,
> Renverse en ses discours les trônes vermoulus.

Puis, il le représente, en note, comme « un ignorant bien suffisant, bien fat ; un écrivain sans style et sans idées ; un braillard sans connaissances, sans goût et sans jugement ; impitoyable grimaud, un historien sans talent, l'image enfin de la nullité ». « Malgré tout cela, ajoute le Satirique dans cette note, il a eu l'audace de corriger les ouvrages de Corneille, Racine, Molière, Voltaire, Crébillon, Ducis, Favart, Sedaine, etc. Quel sacrilège ! » Et, à l'appui de sa critique, il cite l'une de ses corrections : « Dans la *Belle Arsène,* dit-il, un écuyer, après avoir parlé de l'honneur que son maître a acquis dans un tournoi, chante le vers suivant :

> On le mène en triomphe à notre auguste Reine.

Desbarreaux crut devoir le corriger ainsi :

> On le mène en triomphe à notre Citoyenne.

C'était, en effet, ridicule ; mais cela peint l'esprit du temps.

Puis venaient DUMÈGE, jouant les pères nobles, et GUBIAN, représentant *Œdipe.*

Enfin, le Satirique ajoutait :

> Peindrai-je de DEPOIX la face hétéroclite,
> De l'utile DONVAL la mine parasite ?
> Du grand prêtre LACAUX la grave pesanteur ?
> Peindrai-je de JULIEN la grâce et la souplesse ;
> Du froid SAINT-VALERY le ton et la noblesse,
> De BONDE et de BRIDEN la clairnette voix,
> De PLANTE et CORIOLIS le radieux minois ;

L'aplomb et la candeur du bonhomme RUELLE,
Le geste et le regard du choriste LANDELLE?
Je laisse à d'autres mains à tracer ces portraits,
Je no saurais jamais en dessiner les traits.
J'avoue à cet égard ma noble insuffisance;
Mais SERNET me remplace en cette circonstance.
Elevé dans ces murs, nourri sur les tréteaux,
Il pourra dignement esquisser ces tableaux;
ROMIGUIÈRES d'ailleurs fournira les indices,
LABARTHE fouillera les secrets des coulisses,
BORIE enflammera le zèle des acteurs
Et l'ami PÉCHARMANT broyera les couleurs.

Quelques personnages du clergé figurent également dans les *Satires toulousaines*. Nous avons déjà cité le chanoine BORÈS, l'abbé SAINT-JEAN, ancien prébendier de Saint-Étienne, et l'abbé TAVERNE, curé de Saint-Michel. Il faut y joindre l'abbé RAYMOND

Et Massillon CAFFORT, maladroit plagiaire [1].

En revanche, le Satirique rend justice « aux travaux du généreux SICARD [2] », le célèbre instituteur des sourds-muets.

Seules, les dames furent épargnées. On ne retrouve dans les *Satires toulousaines* les noms ni de la comtesse de Beaufort d'Hautpoul, ni de Mᵐᵉ Julie Crabère, qu'on avait cependant entendues souvent à l'Athénée. Toutefois, dans la Satire IXᵉ, on peut lire cette note assez piquante [3] : « J'apprends au public que *Le petit chemin de Postdam* est par Madame **; que cette Madame ** est tout bonnement Mᵐᵉ *Bernard*, et que Mᵐᵉ *Bernard* est M. *Desbarreaux*. La pièce a été jouée à Paris sur le Théâtre-Français... de la Porte-Saint-Martin. — *Vous nous donnerez, sans doute, une comédie en vers*, disait un *amateur* à Mᵐᵉ *Bernard*. — *En vers? Non. Je ne sais pas l'orthographe.* »

* *

1. VIᵉ satire, p. 67.
2. IIᵉ satire, p. 18.
3. Note 7, p. 15.

Toutes ces satires et les nombreuses divisions qu'elles avaient accentuées ne contribuèrent pas peu à faire péricliter l'Athénée. Quelques-uns de ses membres avaient cependant essayé de sauver l'institution en la réorganisant. C'est ainsi que la séance du 1er prairial an XII (21 mai 1804) avait été consacrée à discuter et à voter de nouvelles mesures pour « donner à la Société toute la force et la stabilité nécessaires à sa durée ». Bernard Tajan en avait présenté les éléments dans un rapport fait au nom de la Commission extraordinaire qui avait été chargée de ce mandat. Il fut décidé que tous les sociétaires en retard seraient mis en demeure de se libérer de leurs coécations, et que, sur leur refus de verser entre les mains du trésorier les fonds dont ils étaient reliquataires, ils seraient déchus de leur titre d'associé (art. 8). Au cas où la déchéance de plusieurs membres rendrait nécessaire une nouvelle organisation, il y serait procédé sur-le-champ (art. 9).

La prochaine séance publique fut fixée au 20 prairial courant. Le Préfet devait être invité à la présider. Pour subvenir aux frais de cette séance, il fut établi une coécation extraordinaire de 5 francs (art. 19 à 26)[2].

La séance publique du 20 prairial an XII (9 juin 1804) fut en effet présidée par le préfet Richard, qui prononça le discours d'ouverture.

Bernard Tajan fit le rapport sur le concours de la Classe des Arts et sur les travaux de l'Athénée depuis la dernière séance publique.

Plusieurs morceaux furent chantés par divers membres de l'Athénée.

Les morceaux littéraires qui furent récités étaient dus à MM. Henry Boilleau, Gaspard Lafont et Baour-Lormian, qui de la Classe des associés correspondants avaient été nommés associés résidants dans la séance du 1er prairial an XII (21 mai 1801)[3].

1. *Registre des délibérations*, pp. 230 et 23.
2. *Ibid.*, pp. 208 à 242.
3. *Ibid.*, pp. 242 et 244.

La Commission économique, chargée de l'exécution des mesures prises pour le recouvrement des cotations arriérées, fit son rapport à la séance du 25 prairial an XII (14 juin 1804). Il en résultait que plusieurs membres avaient négligé de se libérer malgré les avis les plus pressants. En conséquence, la Société déclara déchus de leurs droits de membres de l'Athénée MM. Ajon, Combette, Duffé, Dalles, Furgole, Gratian, Jammes père, Jacquemin, Lucas aîné, Lucas cadet, Lofflet, Larrey, Robert, Saint-Jean, négociant, Vidailhan et Virebent[1].

A la séance suivante du 2 messidor an XII (21 juin 1804), MM. Baour-Lormian, Hardy, Olléac et Despony furent chargés de former une nouvelle liste des associés résidants et correspondants; puis, la Société s'occupa « des moyens de ramener l'ordre dans toutes les parties qu'il embrasse et d'amener aux règlements qui le constituent la stabilité, la force et l'exécution sans lesquelles la Société ne peut exister »; dans ce but, elle pria « le Comité d'examen et rapport, déjà chargé par les règlements mêmes de veiller à leur observation, de faire connaître la moindre infraction et de présenter incessamment un rapport sur l'organisation du travail des classes[2] ».

On le voit, la désaffection était générale et la désorganisation menaçait d'être complète. Les membres n'allaient plus aux séances. Les communications faisaient défaut. Les procès-verbaux n'étaient plus signés. C'était la débâcle à prochaine échéance.

L'Athénée le comprit, et, dans sa dernière séance de l'an XII, le 23 messidor (12 juillet 1804), présidée par M. Saint-Jean, président, sur la proposition d'un de ses membres, elle prit la décision suivante : « L'Athénée, considérant qu'il importe à la gloire des Sciences, des Arts et des Lettres qu'une Société qui les cultive reprenne un titre jadis illustré par une grande réputation et consacré par

1. *Registre des délibérations*, p. 247.
2. *Ibid.*, p. 247.

l'estime et le respect des savants, des littérateurs et des artistes, a arrêté qu'elle prendrait à l'avenir le titre d'*Académie des Sciences, Arts et Belles-Lettres*, et qu'il serait procédé à une nouvelle organisation intérieure plus conforme aux anciens règlements.

« Le Comité est chargé de présenter un rapport à cet égard le 15 brumaire prochain, époque de la réouverture des séances de l'Académie.

« Le secrétaire en exercice est provisoirement autorisé à prendre le titre de secrétaire général, à annoncer à chaque membre les nouveaux changements, et à les prévenir en même temps de la clôture des travaux pendant les mois de thermidor, fructidor, vendémiaire et les quinze jours de brumaire[1]. »

La Société reprit ses séances en nivôse an XIII (janvier 1805). « Le secrétaire général annonça à l'assemblée que la Commission chargée de présenter son rapport sur les règlements (nouveaux à formuler) ne s'était pas réunie et qu'il importait d'en nommer une autre. » L'assemblée déféra à cette invitation et désigna MM. Monnet, Roumieu, Tarbès et Tajan pour faire partie de cette Commission, et présenter un rapport à la séance suivante.

Le secrétaire général fut ensuite « autorisé à écrire aux associés une circulaire pour les prévenir que la stabilité de l'Académie étant fondée sur l'adoption des règlements qui leur seront proposés dans la séance du jeudi prochain, elle sera obligée de considérer comme démissionnaires ceux des associés qui n'y assisteront pas[2]. »

Quand vint la séance du jeudi 27 ventôse an XIII (18 février 1805), la Commission qui en avait été chargée présenta son rapport « sur l'organisation des travaux des classes d'après les principes qui constituaient les anciennes Académies ». A la suite de ce rapport, le secrétaire général donna lecture des nouveaux statuts proposés par la Com-

1. *Registre des délibérations*, p. 249.
2. *Ibid.*, p. 251.

mission. Il fut aussitôt procédé à la discussion de ces statuts,
qui furent approuvés [1]. Mais ils n'ont pas été transcrits sur
le *Registre des délibérations*, et ils devaient rester lettre-
morte, car on ne retrouve plus trace de séances de nouveau
tenues par l'Académie ainsi réorganisée.

La dispersion des membres de l'Athénée fut complète à
partir de cette année 1805. Mais Toulouse ne pouvait rester
longtemps sans Sociétés académiques, soit littéraires, soit
scientifiques. Dès le début de l'année 1806, nous voyons se
reconstituer l'Académie des Jeux Floraux. Le registre de
ses délibérations est même curieux sur ce point, car son
laconisme est vraiment surprenant. Elle s'était réunie pour
la dernière fois le samedi 16 avril 1791, et le procès-verbal
de cette séance se terminait ainsi : « Le sort a donné
M. l'abbé Saint-Jean pour modérateur et M. Poitevin pour
sous-modérateur. » Après une interruption de quinze années,
elle reprenait le cours de ses séances le dimanche 9 février
1806, et le procès-verbal se borne à la mention suivante :
« L'Académie des Jeux Floraux, assemblée sous la présidence de M. l'abbé Saint-Jean, modérateur nommé dans la
dernière séance, et dans la maison de M. Jamme, doyen
des mainteneurs actuellement présent à Toulouse, a délibéré de reprendre ses fonctions et ses exercices interrompus
depuis le 16 avril 1791. »

Puis, après avoir désigné M. Jamme comme modérateur
— sans recourir au tirage au sort, contrairement à ses statuts
et pour cette fois seulement — elle le charge « de se transporter à l'hôtel de la mairie pour y faire la déclaration que
les Académiciens qui se trouvent à Toulouse se sont déjà
assemblés chez lui, comme leur doyen, et qu'ils se propo-
sent de continuer leurs assemblées et de reprendre tous leurs
exercices ».

M. Picot de Lapeyrouse était alors maire. Il assistait à
la séance. Il promit d'agir de tout son pouvoir pour faire
rendre à l'Académie ses registres, sa bibliothèque, ses reve-

1. *Registre des délibérations*, p. 252.

nus, la salle de ses séances ordinaires au Capitole, l'usage de la salle des Illustres pour ses séances publiques, afin qu'elle pût reprendre « l'activité de ses travaux, le lustre et la solennité de ses fêtes », conformément à l'édit du mois d'août 1773.

Peu après, et avant de quitter Toulouse pour céder sa place à M. Desmousseaux, le préfet Richard signait, le 21 mai 1806, un arrêté qui confirmait officiellement le rétablissement de l'Académie des Jeux Floraux.

Il devait en être bientôt de même pour l'Académie des Sciences. En effet, un membre de la Société d'Agriculture, qui s'est signé « Victor », et qui ne devait être autre que le secrétaire général de cette Compagnie alors en pleine prospérité, avait rédigé une note qui a été conservée [1] pour montrer qu'il était « utile de multiplier les Sociétés savantes dans les départements afin d'éclairer les esprits et former le goût »; et il ajoutait qu'il convenait surtout d'avoir une Société scientifique à Toulouse.

Il estimait « qu'on pourrait la former plus facilement en l'attachant à quelque autre établissement ». Or, il n'y avait en ce moment à Toulouse que l'Académie des Jeux Floraux, qui venait d'être rétablie, la Société de Médecine, instituée par un arrêté du 13 messidor an IX (3 juillet 1801), et la Société d'Agriculture, dont la fondation remontait au 20 messidor an VI (8 juillet 1798).

L'auteur de la note repoussait l'Académie des Jeux Floraux, parce qu'elle lui paraissait « circonscrite dans son objet purement littéraire ».

« La Société de Médecine, poursuivait-il, a des points très étendus avec toutes les sciences et compte parmi ses membres beaucoup d'hommes distingués. Mais le nombre de ses associés déjà existants serait dans une telle proportion qu'il donnerait une influence très exagérée à la science à laquelle ils se sont spécialement livrés ».

Restait la Société d'Agriculture. Et il pensait qu'elle

1. Archives départementales, série T, n° 5.

« réunirait plutôt les conditions auxquelles on peut former
le noyau de la Société des Sciences à créer », et qu'on « y
pourrait former une nouvelle section, dite des Sciences. Elle
y gagnerait à entendre la voix de la science pour se perfectionner, car les savants lui indiqueraient les applications
multipliées que l'agriculture leur réclame. La Société se
trouverait naturellement divisée en deux sections, et c'est
dans les bornes étroites de cette étendue qu'elle pourrait être
renfermée ». Pour sa composition, ajoutait-il enfin, elle
devrait appeler « d'abord ceux qui sont chargés de professer dans les établissements d'instruction », puis « des amateurs qui réunissent le zèle aux lumières ».

Lorsque cette note fut envoyée à la préfecture, Bernard
Tajan y était chef de division. Il était d'autant mieux ren-
seigné qu'il avait été l'un des membres les plus importants
de l'Athénée; et il avait vu trop de germes de discorde dans
cette Société mixte pour favoriser des essais de reconstitution du même genre. Il fit renoncer ses promoteurs à faire
des sciences une simple annexe d'un autre établissement.
Le 30 octobre 1807, M. Desmousseaux, qui avait succédé à
M. Richard comme préfet de la Haute-Garonne, rendait un
arrêté par lequel il rétablissait l'ancienne Académie royale
des Sciences sous le titre d'*Académie des Sciences, Inscriptions et Belles-Lettres* qu'elle porte encore.

Comme l'Académie des Jeux Floraux, l'Académie des
Sciences aurait pu reprendre ses séances sous la direction
de son ancien président, Gez (Jean-Nicolas-Joseph-Abraham),
ancien avocat au Parlement, qui avait présidé sa dernière
séance publique du 30 août 1792 [1]. Mais, en ce moment, Gez
était nonagénaire et une attaque de goutte l'emporta subite-

---

1. *Journal universel*, etc., *de Toulouse*, n° 70, du 1er septembre 1792,
page 280. Nous n'avions pas ce renseignement, lorsque nous avons
supposé (page 53 du présent précis historique) que l'Académie avait
cessé de se réunir en 1791. Nous devons ajouter (d'après les mêmes
sources, *Journal de Toulouse* du 14 mai et du 14 septembre 1791)
qu'en cette année, elle tint deux séances publiques, l'une le 5 mai et
l'autre le 25 août, sous la présidence de M. Mazars.

ment le 12 avril 1807 avant la séance solennelle du rétablissement de l'Académie des Sciences qui n'eut lieu que le 22 novembre de cette même année et qui fut présidée par son parent Alexandre Jamme, alors professeur à la Faculté de Droit, devenu en 1809 recteur de l'Université de Toulouse.

Pendant que les anciennes Académies se reconstituaient ainsi, il se formait à Toulouse une société de jeunes littérateurs sous le nom de *Gymnase littéraire*. Cette société comptait parmi ses membres Alexandre Soumet, Alexandre Guiraud, le comte Jules de Rességuier, Lamothe-Langon, baron de Montbel, Marius de Voisins, Samuel de Panat, Pinaud, Florentin Ducos et plusieurs autres. C'était une société semblable à l'*Académie des Galetas*, organisée à Toulouse par les jeunes littérateurs du temps de Louis XV et où Marmontel, Jean Castilhon et d'autres encore avaient fait leurs premiers essais. Elle fut la pépinière où se recrutèrent dans la suite les principaux membres de l'Académie des Jeux Floraux, et même certains membres de l'Académie française. Elle devait, en outre, préparer le mouvement romantique qui s'accentua sous la Restauration après avoir été inauguré à l'Académie des Jeux Floraux par ses lauréats, comme Millevoye, Chênedollé et Victor Hugo.

Tel fut le mouvement intellectuel qui exista à Toulouse à la fin du dix-huitième siècle et au commencement du dix-neuvième. On voit qu'il procéda de tout ce qui s'était pratiqué à Paris à ces diverses époques : d'où les institutions successives de « Musée », de « Lycée » et « d'Athénée » qui s'établirent concomitamment à Toulouse pour en revenir aux anciennes compagnies académiques.

En 1816, Alexandre Dumège écrivait dans son *Histoire des institutions de la ville de Toulouse*[1] que « tout ce qui était né durant la Révolution devait périr, et il est probable,

1. Tome IV, p. 403.

ajoutait-il, que, dans l'avenir, on ignorerait que le *Lycée de Toulouse* a existé, si je n'avais pieusement inscrit son nom dans mes pages ». S'il en était ainsi à cette époque, à plus forte raison en est-il de même aujourd'hui qu'il ne reste que de rares traces de ces institutions soit dans les bibliothèques, soit dans les archives publiques ou privées. Nous devions d'autant plus en rappeler le souvenir que leur histoire est intimement liée à l'Académie des Sciences par le sujet de leurs études et par les hommes qui les composaient ou qui s'y intéressaient, en outre qu'elles complétèrent l'Académie quand elles coexistaient pendant la Monarchie, qu'elles la suppléèrent quand elle disparut sous la Révolution, et qu'elles préparèrent son retour lors du rétablissement des anciennes Compagnies académiques, au début du premier Empire.

# TABLE DES MATIÈRES

Toulouse, Imp. DOULADOURE-PRIVAT, rue St Rome, 39 — 6436.

www.ingramcontent.com/pod-product-compliance
Lightning Source LLC
Chambersburg PA
CBHW072041080426
42733CB00010B/1958